저항과 극복의 갈림길에서

저항과 극복의 갈림길에서
－재일동포의 정체성, 그 역사와 현재 그리고 미래

초판 1쇄 인쇄   2005. 3. 2.
초판 1쇄 발행   2005. 3. 7.

지은이   김태영
옮긴이   강석진
펴낸이   김경희
펴낸곳   ㈜지식산업사
         서울시 종로구 통의동 35-18
         전화 (02)734-1978(대) 팩스 (02)720-7900
         인터넷한글문패   지식산업사
         인터넷영문문패   www.jisik.co.kr
         전자우편   jsp@jisik.co.kr, jisikco@chollian.net
         등록번호   1-363
         등록날짜   1969. 5. 8.

ⓒ 김태영, 2005
ISBN 89-423-3060-6 03330

책값 12,000원

이 책을 읽고 옮긴이에게 문의하고자 하는 이는
지식산업사 전자우편으로 연락 바랍니다.

저항과 극복의 갈림길에서

· 재일동포의 정체성, 그 역사와 현재 그리고 미래

김태영 지음 / 강석진 옮김

지식산업사

한국판 머리말

　나는 1963년생으로 재일한국인 2.5세이다. 왜 2.5세인가 하면 아버지(2002년 작고)는 1927년 경상북도 상주에서 태어난 1세이고 어머니는 일본 히로시마현(廣島縣)에서 태어난 2세로, 나는 그 사이에서 태어났기 때문이다. 하지만 세대로서는 3세에 속하지 않을까 생각한다.

　나는 한국 국적의 한국인이고, 현재는 본명을 사용해 생활하고 있지만 18살까지는 일본식 이름을 썼으며 한국인이라는 사실을 숨기고 일본에서 생활했다. 이는 재일한국인에 대한 차별을 피하기 위한 것으로서, 이러한 차별은 여전히 일본 사회에 남아 있다. 때문에 18살까지는 한국인 친구가 한 명도 없었다. 대학에 들어가서야 한국인 친구를 사귀게 돼 내가 한국인이라는 사실을 밝히게 됐고, 본명을 사용하게 됐다.

　재일 한국인은 국가를 갖고 있지 않은 집단이다. 한국

과 일본의 관계가 악화되면 일본에서 적의(敵意)의 제1 표적이 되는 한편, 한국에서도 안주할 수 있다고 말하기는 어려운 존재다. 재일 한국인은 근거로 삼을 만한 국가를 갖지 못한 '틈새(あいだ)의 존재'이다. 따라서 불안정한 존재라고 말할 수 있을 것이다. 그러나 다른 한편 새로운 국가관이나 민족관을 제공할 가능성을 갖고 있는 존재라고도 할 수 있다. 재일 한국인은 이 '불안정성'과 '가능성'이라는 양면성을 가진 존재인 것이다.

이러한 재일 한국인도 이미 5세가 출현하고 있다. 그 민족성이라는 것도 이전과는 꽤 달라지고 있다. 재일 한국인의 실정이 한국에는 뜻밖에 잘 알려져 있지 않다. 이 책을 통해 한국에서 재일 한국인에 대한 이해가 깊어진다면 나와 같은 재일 한국인들에게는 대단히 기쁜 일일 것이다.

끝으로, 캐나다 메모리얼대학(Memorial University) 교수인 김기수 박사와 서울신문 전 논설위원이자 포천 대진대 교수인 박강문 선생의 호의가 없었다면 이 책은 발간되지 않았을 것이다. 또 무엇보다 이 책의 번역과 출판에 다대한 노력을 기울여 준 서울신문 강석진 씨의 힘이 없었다면 내가 이 머리말을 쓸 일도 없었을 것이다. 그리고 지식산업사 김경희 사장, 임한순 이사께 마음으로부터 우러나오는 감사의 말을 드리고 싶다. 이분들의 노력

이 있었기 때문에 이 책이 한국에서 햇빛을 볼 수 있었다. 대단히 감사합니다(テダニ　カムサハムニダ).

2004년 가을
일본 후쿠오카현에서
김태영(金泰泳)

역자의 말

    도쿄를 떠나온 지 2004년으로 여섯 해째가 됩니다. 특파원 생활 4년 동안 일본인 친구는 물론 많은 재일동포를 만났습니다. 그 분들의 고난과 치열한 삶, 고국에 대한 그리움과 원망, '조센이치바'(조선시장)에서 만나는 아주머니들의 순박함과 남북의 이데올로기에 사로잡힌 내부 갈등을 지켜보면서 언젠가 재일동포들의 이야기를 한국에 제대로 알릴 기회가 오길 희망해 왔습니다. 그러다가 김태영 교수의 책을 만났습니다. 지금까지 재일동포 문제를 다룬 여느 책과는 달랐기 때문에 꼭 소개하고 싶은 생각이 들었습니다.

    원제가 《아이덴티티 폴리틱스를 넘어－재일조선인의 에스니시티》(アイデンティティ・ポリティクスを超えて－在日朝鮮人のエスニシティ)인 이 책을 번역하겠다고 생각한 데는 세 가지 이유가 있습니다.

첫째, 한국 사회는 오랫동안 단일민족관을 당연하게 받아들여 왔지만 새로운 도전에 직면하고 있습니다. 우리가 늘 콤플렉스를 품어온 유럽인이나 미국인뿐만 아니라 우리보다 가난한 나라에서 온 외국인 노동자가 크게 늘어나고 있습니다. 더불어 이들과 한국인 사이에서 2세도 태어나고 있습니다. 장애인 등 소수자(minority group)를 같은 사회의 구성원으로서 받아들이고 키워나가는 데 서투른 우리 사회는 이들에 대해서도 마찬가지로 매우 서툴게 대응하고 있습니다. 인간의 존엄성과 민족성에 대한 모독이 심심찮게 보도되곤 합니다. 소수자 그룹은 또 있습니다. 탈북자나 중국동포(이른바 조선족)이 그들입니다. 우리 사회는 이들과 공생해 나갈 지혜가 필요합니다. 이 책은 그러한 필요성에 대해 많은 생각을 하게 합니다.

둘째, 재일동포 문제를 이해하는 데 크게 도움이 되리라 믿습니다. 재일동포는 민족이 시련을 겪던 시절 우리 곁을 떠날 수밖에 없었던 형제들입니다. 재일동포들은 일본 땅에서 온갖 고난을 겪으면서도 우리나라가 어려울 때마다 적지 않은 도움을 주었습니다. 홍수 피해가 났을 때도, 올림픽이 열렸을 때도, 1997년 말 외환위기 사태가 왔을 때도 정성을 다해 본국을 지원해 주었습니다. 재일동포는 또 문화와 문화가 맞닥뜨리는 지점에서 변화와 창조를 향해, 그리고 새로운 모색을 위해 끊임없이 고민하고 노력해 온 존재입니다. 하지만 재일동포에 대한 우리의 이해는 매우 얕습니다. 이제 그들은 조국으로 돌아오기 어려운 '한국인'이 되어, 스스로의 정체성(identity)을 모색해야 하는 새로운 단계로 접어들고 있습니다.

재외 동포에 대한 이해와 협력은 앞으로 우리에게 커다란 도움이 될 것입니다. 언어와 문화의 이해는 물론 세계화의 좋은 동반자가 될 수 있을 것입니다. 재외 동포와 어떻게 관계를 맺어 나갈지는 우리 사회가 늘 깊이 생각해야 할 과제입니다.

이 점에서 이 책은 먼저 재일동포에 대한 이해를 넓히는 데 좋은 자료가 될 것입니다. 특히 저자는 귀화하여 일본 국적을 갖게 된 동포와 조총련계 동포까지도 연구 대상에 포함, 재일동포 문제를 총체적으로 바라볼 수 있도록 해 주고 있습니다. 또한 지금까지 재일동포의 정체성 문제는 주로 법률적 측면에서 검토돼 왔지만 사회학적 측면에서, 다양한 사례연구(case study)를 통해 문제를 천착한 것은 그 예가 드뭅니다. 이런 측면에서 이 책은 재일동포에 대한 이해를 한층 깊게 해 줄 수 있을 것입니다.

셋째, 일본 사회의 변화에 대한 인식을 새롭게 해 줄 것입니다. 일본은 우리만큼이나 단일민족관이 뿌리 깊은 사회였습니다. 그러나 일본 사회도 1990년대 이후, 그 속도는 느리지만 꾸준히 변화하고 있습니다. 변화의 양상에는 여러 측면이 있는데 '다민족 공생', '소수자와의 공생'도 주요한 키워드 가운데 하나입니다. 고(故) 이수현 씨 사망 뒤 보여 준 일본인들의 태도나, 한국 대중문화를 받아들이는 일본인들의 개방성에서 볼 수 있듯이 그들은 외부에서 들어오는 '이질적' 요소들에 대해 마음의 벽을 낮추고 있습니다. 이러한 점을 이 책을 통해 알렸으면 하는 것이 저의 바람입니다. 사람에게 인격이 있듯이 나라에도 국격(國格)이 있다면 우리나라의 국격도 지금보다는 한결 높아져야 한다고 생각합니다. 우리 사회에 들어온 소수자들이 자신들의 정체성을 지키면서 얼마나 자유롭게 공생할 수 있는지는 나라의 품격을 가늠하는 데 중요한 요소라고 생각합니다.

이 책은 되도록 원문에 충실하게 번역하고자 노력했습니다. 다만 아무래도 번역이 어색하게 되거나 간사이(關西) 방언을 인용한 부분 등은 독자의 편의를 위해 저자와 상의해서 의역한 부분도 있습니다. 일본 천황(天皇)은 일본어 발음을 따라 '덴노'라고 했습니다. 천황, 일황, 일왕 모두 마땅치 않다는 주변의 의견을 고려한 것입니다.

재일(在日)은 두 가지로 표기했습니다. 단순히 일본에 있다는 뜻의 재일은 그대로 '재일'(在日)로, 그리고 재일동포를 뜻하는 말로 발전된 재일은 '자이니치'로 번역했습니다. 다소 번거롭겠지만 자이니치라는 말이 재일동포를 뜻하는 보통명사로 굳어졌다는 점을 감안해 읽어 주시기 바랍니다.

지명을 표기할 때, 예를 들어 광역자치단체인 오사카부의 경우 그 안의 기초자치단체인 오사카시와 구별하기 위해 '오사카부'(大阪府) 또는 '오사카부(府)'로 표기하는 한편, '다이쇼(大正)구'처럼 표기한 곳도 있습니다.

저자의 주는 원문대로 정리하되, 이해를 돕기 위한 역주는 본문 괄호 안에 넣었습니다. 외국어와 외국인명 표기는 서울신문의 외국어 표기 원칙을 적용했습니다.

김태영 교수의 책을 번역하겠다고 생각했던 때로부터 책이 나오기까지는 역자의 게으름 때문에 많은 시간이 흘렀습니다. 인내심을 갖고 출판을 기다려 준 저자에게 감사드립니다. 또 좋은 책을 소개해 주신 캐나다 메모리얼대학 김기수 교수와 신문사 선배인 박강문 교수에게도 감사드립니다. 또 서투른 번역문을 처음부터 끝까지 세심하게 읽고 교정해 준 서울신문 편집부 임승수 부장은 이 책을 읽기 쉽도록 만드는 데 결정적인 구실을 해 주었습니다. 번역을 위해 많은 도움과 충고를 아끼지 않은 아내 서윤미에게도 고맙다는 말을 빠트릴 수 없습니다. 그리고 언론인의 저술과 번역을 지원하고 있는 관훈클럽 신영연구기금도 이 책의 출판에 커다란 도움이 됐습니다. 좋은 책의 출판을 위해 늘 노력해 오신 지식산업사 김경희 대표께도 감사의 말씀을 드려야 합니다. 척박한 출판업계 사정에도 책의 출판을 기꺼이 맡아 주신 데 대해 깊이 감사드립니다.

2004년 11월
강석진

　1990년대 이후 일본 사회는 크게 변모해 왔다. 1980년대 후반부터 외국인 노동자가 대량으로 들어오면서 일본 사회의 다국적화 현상이 진행됐으며, 이러한 흐름은 1990년대 들어 더욱 빠르게 진행되고 있다. 1993년 말 132만 748명이었던 외국인 등록자 수는 2003년 말에는 191만 5,030명으로 45퍼센트나 늘어났다. 이 숫자는 일본 총인구의 1.5퍼센트에 해당한다.

　한편 일본 사회에서는 '소자화(少子化) 현상'이 진행되고 있다. 한 명의 여성이 일생동안 낳는 어린이 수를 나타내는 합계특수출생률(合計特殊出生率)은 2002년 말 현재 1.32명이다. 이대로 간다면 80년 뒤에는 일본 인구가 절반으로 줄어들 것이라고 한다. 또 15세부터 64세까지의 경제활동인구는 2002년 현재 총인구의 67.3퍼센트이지만 후생성 추계로 2050년에는 54.6퍼센트까지 떨어질 것으로 예상되고 있어 장차 심각한 노동력 부족이 걱정된다. 이 때문에 외국인의 일본 입국 문호를 더 넓게 개방해야 한다는 목소리가 높아지고 있다. 일본 사회는 조금씩, 그러나 확실하게 다민족 사회로 나아가고 있다.

이러한 일본 사회의 변화에 따라 재일 한국·조선인 사회도 커다란 변화를 겪고 있다. 예전에 재일 외국인의 다수를 차지했던 한국·조선인의 수가 줄어들면서 외국인 전체에서 차지하는 비율이 해마다 낮아지고 있다. 1978년 말 65만 9,025명으로, 외국인 전체의 85.9퍼센트를 차지했던 한국·조선 국적자가 2003년 말에는 61만 3,791명, 32.1퍼센트로 줄어들었다. 1991년 69만 3,050명을 정점으로 감소 추세가 매년 이어지고 있다.

변화는 이뿐만이 아니다. 2003년 말의 한국·조선 국적 외국인 등록자 가운데 약 14만 명은 '뉴 커머'[new comer, 최근 들어 일본에 장기거주하게 된 외국인 - 역주] 한국인이다. 지금까지 재일 한국·조선인이라고 하면 출입국 관리 및 난민인정법상의 재류자격 '특별영주'를 부여받은 사람들을 일컬었다. 이 '특별영주자' 수는 2003년 말 47만 1,756명으로, 재일 한국·조선인 전체의 76.9퍼센트에 해당한다. 즉 현재 한국·조선 국적자의 4분의 1은 뉴 커머 한국인으로, 재일 한국·조선인 수는 21세기에 들어서면서 50만 명을 밑돌게 된 것이다.

지금까지 우리는 '정체성을 확립한다'는 것을 하나의 목표로 삼아 왔다. '나는 누구인가'라는 질문의 답을 찾아 모두 '누구'인가가 되려 했다. 어떤 사람들은 국가의 일원이라는 데서 그 증명을 구하거나, 또 다른 사람들은 '인종'이나 '민족'에서 그것을 찾았다. 그러나 1980년대 이후 '본질', '자연', '절대' 등 '존재 증명'으로 생각돼 왔던 것들의 위상이 크게 흔들리기 시작했다. 이들 존재 증명은 결코 본질적인 것이 아니라 역사적 사회적으로 구축돼 온 것으로, 유동적이며 불안정한 것이라는 '상대화'가 고려됐다.

이 책에서는 현대 세계를 살아가고 있는 우리 동시대인의 정체성 문제를 재일 조선인[일본에 거주하는 한국 국적 또는 북한 국적의 동포를 모두 일컫는다 — 역주]의 경우를 사례로 삼아 민족의 정체성에 초점을 맞춰 생각해 보고자 한다.

이전에 '재일'[在日, 자이니치, 재일 외국인을 줄여서 표현하는 말이지만 주로 재일동포를 뜻하는 말로 사용된다 — 역주]이라고 하면 바로 '재일 조선인'을 뜻하는 시대가 있었다. 그러나 1980년대 후반 이후 상황은 변했다. 외국인의 90퍼센트 이상을 차지했던 '절대적 존재'로서의 재일 조선인에서 '외국인 가운데 하나'로, 이른바 '재일 조선인의 상대화'가 진행됐다고 말할 수 있을 것이다.

18

또 재일 조선인 사회의 상황도 크게 바뀌었다. 본국에서 태어난 1세에서, 2세 또는 3세, 4세로 재일 조선인의 세대 중심이 넘어가고 있으며 5세도 태어나기 시작했다. 일본 사회에서 사회적 위치, 재일 조선인 사회의 존재형태(あり方), 그들의 정체성의 소재(所在)도 크게 바뀌어 왔다. 이 상황을 '민족성의 상실'로 받아들이는 견해가 있는가 하면, '다양화'로 받아들이는 견해도 있다. 또 혼돈 가운데 새로운 가능성을 찾아내려는 견해도 있다.

재일 조선인이 직면하고 있는 정체성의 문제는 재일 조선인의 고유한 문제인 동시에 다른 인종과 민족에도 해당되는 문제다. 더 넓게는 현대사회를 살아가고 있는 모든 사람들이 직면하고 있는 문제와 겹치는 부분이 많으며 이런 뜻에서 보편성을 지니고 있다고 할 수 있다. 이 책에서는 이러한 현대의 정체성 문제를 재일 조선인의 교육론[원문은 '敎育에 관한 言說'－역주]과 그 실천 가운데서 살펴보고자 한다.

이 책의 구성은 다음과 같다.

먼저 제1장에서는 현대 일본 사회의 다민족 상황에 대해 기술한다. 일본 사회에서는 1980년대 후반 이후 '다민족 상황'이 '발견'됐다. 이 가운데 이른바 '올드 커머'(old comer), 즉 정주(定住) 외국인의 존재가 주목받았다. 또 문화적 독자성을 갖고 있으면서도 지금까지 수면 아래

놓여 있던 아이누 사람과 오키나와 사람의 존재도 부각
됐다. 일본 사회는 이러한 다민족 상황에 어떤 생각을 갖
고 임해 온 것인가. 민족적 소수자의 정체성의 역사와 현
상황을 '단일민족관'과 관련지어 파악한다.

　제2장에서는 다민족 상황이 진행되는 가운데 새로운
사회 이념으로 주목받게 된 다문화 공생 사상에 대해 살
펴본다. 다문화 공생론에선 '개별 문화의 존중', '차이의
존중'이 구호로 제시됐지만, 이는 '자민족 중심주의'도 '존
중'하지 않으면 안 된다는 모순을 안게 되고 만다. 다문화
공생론의 가능성과 함께 이러한 문제점을 지적해 정체성
의 정치역학(identity politics)의 의의와 한계를 밝힌다.

　제3장에서는 재일 조선인의 정체성 형성과정을, 1세들
의 인터뷰와 교육론을 통해 밝혀 나간다. 재일 조선인은
지금까지 일본 사회로부터 '차별과 동화(同化)'의 압력을
받아 왔다. 이에 대해 그들은 '민족의 긍지'를 갖고 대항
해 나가야 한다고 주장해 왔다. 그래야 재일 조선인이 차
별과 동화의 압력으로부터 해방된다고 생각했다. 즉 '민
족'이 억압에서 해방과 자유를 상징해 온 것이다. 이러한
사상을 바탕으로 강고한 재일 조선인의 정체성이 형성됐
다. 바로 이 저항 수단으로서의 재일 조선인 정체성 형성
에 교육이 커다란 구실을 해 왔다. 재일 조선인의 교육은
민족의 언어, 역사 등의 전달을 통해 '민족의 자각과 긍

지'를 기르는 것, 이 '긍지'를 갖고 '동화'의 압력에 대항해 나가는 것을 목표로 삼아 왔다. 제3장에서는 이러한 과정을 다룬다.

제4장에서는 세대교체가 진행되는 가운데 떠오르기 시작한 '재일'이라는 민족 정체성의 딜레마를 재일 2세들의 입을 통해 밝혀 나가고자 한다. 재일 조선인의 민족 정체성은 저항과 해방의 수단이라는 기능을 수행해 왔다. 그러나 그러한 말들이 품고 있는 모순이 점차 드러나기 시작했다. 예를 들면 이러한 말들이 성차별의 측면을 갖고 있고, 또 혼혈인들과 귀화인들을 배제하는 사고라는 점 등이 그러한 모순이었다. 또 일본에서 나고 자란 2세들은 1세가 주장해 온 '있어야 할 민족상(民族像)'과 생활실감(生活實感) 사이에서 괴리를 느끼지 않을 수 없었다. 지금까지의 민족상과 생활체험 사이에서 2세들은 독자적인 존재 방식을 모색하면서 다양한 선택을 하게 됐다.

마지막으로 제5장에서는 민족 정체성의 딜레마와 그 극복 가능성을 재일 조선인 교육 현장에 관여하고 있는 젊은 3세들의 말을 통해 밝혀 보고자 한다. 어린이회(子ども會)에서 '지도원'으로 일하고 있는 재일 청년들은 종래의 정체성관(觀)에 바탕을 둔 민족에 집착하지 않지만, 민족을 '언제든지 자유롭게 벗어던질 수 있는 옷'으로 생각하지도 않는다. 조부모나 부모 세대의 '민족'을 그들 나

름대로 의미를 부여해 이어 나가려 한다. 이는 수동적인 것이 아니다. 앞 세대의 '민족'을 과거의 것으로 여겨 잊어버리거나 버리려 하지 않되, 독자적인 정체성을 형성하려는 것이다.

또 현재는 성인이지만 과거에 어린이회 활동에 적극적으로 참여해 온 청년들 가운데는 자이니치와 일본인 사이에서 태어난, 이른바 '다부루'[double, 혼혈 — 역주]도 있다. 그들은 어린이회가 요구했던 '민족'이 자신들을 속박했으며, 다부루로서 있는 그대로의 자신을 부정하는 측면이 있었다고 되돌아본다. 그들은 어린이회에서 제시하고 있는 이념적인 재일 조선인과 일본인의 민족 관계를 거울로 삼아 가며 일상생활에서 전개되고 있는 '재일' 아버지와 일본인 어머니의 관계에서 새로운 가능성을 찾아 내려 하고 있다. 실제로 어린이회에 참여하고 있는 학생들은 어른들이 기대하는 '재일' 어린이상(像)을 삶의 근본으로 삼으면서도 이를 넘어서려는 노력을 기울이고 있다. 어린이회의 세계는 민족 정체성을 둘러싼 여러 가지 모습들의 축소판이라고 할 수 있다. 그러한 정체성의 여러 가지 모습들을, 관계자 인터뷰와 어린이회 활동의 현장 관찰을 통해 밝혀 나가고자 한다.

미리 양해를 구하지만 이 책에서 인터뷰에 응해주신 분들의 이름은 모두 가명이다. 또 오사카부(大阪府) 다카쓰키시(高槻市)의 어린이회 활동의 정식 명칭은 '재일 한국·조선인 교육사업'이지만 이 책에서는 일본의 식민지 정책으로 일본에 정주하게 된 조선인과 그 자손들을, 한국적(籍), 조선적 또는 일본적에 관계없이 민족명으로서 조선인 또는 재일 조선인이라고 부르기로 한다.

차례

제1장

현대 일본과 복수(複數)의 문화

1. 단일민족관과의 상극(相克)

뉴 커머(new comer)의 진입

1972년 중일[원문은 日中 – 역주] 국교정상화를 계기로 이른바 '중국 잔류 고아', '중국 잔류 부인(婦人)'과 그 가족들이 일본에 들어오기 시작했다. 1973년에는 인도차이나 혁명과 더불어 많은 난민이 생겨 일본에도 보트피플의 상륙이 잇따랐다. 세계는 이들에 대한 일본 정부의 태도를 주시했다. 처음엔 '일시 체재 허가'를 부여했던 일본 정부는 국제적인 압력을 받아 그때까지의 쇄국적인 입국 관리(入管) 행정을 일부 고쳐서 '정주허가'를 부여하는 한편 '정주촉진센터'를 개설했다.

난민의 정주화가 진행됨에 따라 뉴 커머 외국인도 올드 커머(old comer)인 정주 외국인이 경험한 일본 사회의 '차별과 배외(排外)주의'의 벽에 직면했다.

예를 들면 일본의 사회보장제도 대부분은 외국인과는 아무런 관계가 없었다. 어린이의 양육과 관련된 아동 수당은 지급되지 않았고, 공영주택에 입주하는 것도 불가능했다. 대부분 '일본 국민'으로 자격이 한정되어 있었기 때문이다.

난민 보호와 내외국인 평등을 원칙으로 하는 1951년에 채택된 유엔 '난민의 지위에 관한 조약', 그리고 1966년에 채택된 '국제인권규약'에도 일본은 가입하지 않은 상태였다. 그러나 일본의 이러한 소극적인 태도에 대하여 국제사회로부터 비판의 목소리가 터져 나왔다. 일본은 국제적인 압력에 굴복해 1979년 국제인권규약에 가입했으며 1982년에는 난민의 지위에 관한 조약에도 가입했다.

1985년 9월 '플라자 합의'(Plazza Accord)에 따라 엔화 가치가 올라가고 거품경제로 호경기를 맞게 되자 일본은 심각한 노동력 부족을 겪게 되었다. 한편 개발도상국은 실업자가 늘어나는 상황에 직면하고 있었다. 따라서 일본 쪽에 '외국인 노동자'를 받아들이라고 요구하는 목소리가 높아졌다. 노동력 부족에 시달리고 있던 일본의 중소 영세기업과 실업자 증대로 고민하고 있던 개발도상국의 이해가 일치, 1980년대 후반부터 외국인 노동자가 대량 들어오기 시작했다. 이렇게 해서 일본 사회에는 인종과 민족, 문화가 다른 사람들의 모습이 길거리에서 가끔 눈에 띄게 되었다. 노동시장에서는 '개국할 것인가 쇄국할 것인가'라는 논의가 활발해졌다.

하지만 마침내 거품경제는 꺼져 버렸다. 일본의 필요에 따라 일본의 노동시장에 흡수됐던 외국인 노동자들은 가장 먼저 직장을 잃었다. 그렇다고 해서 그들이 본국으로 돌아가게 된 것은 아니었다. 그들은 일시적인 '체재'에서 '정착'으로, 그 생활 형태를 변화시켰던 것이다.

그때까지 일본 사회는 일본어를 축으로 하여 동질성이 높았다. 때문에 '단일민족관'을 당연시했다.' 단일민족관은 '단일하고 순수한 기원·공통의 문화와 혈통을 가진 일본 민족만으로 일본국이 구성돼 왔고, 또 지금도 그렇게 구성돼 있다는 관념'이다.[1] 이것은 일본 사회를 '불변부동(不變不動)의 구성체'로 보고 일본인 이외의 사람에 대해선 일방적인 자기 변화와 일본 사회에 적응할 것을 요구하는 사고방식이다. 일본 사회가 일본인 이외의 사람에 대해서 기대해 온 것은 '되도록 일본인과 똑같이 되라는 것'이었다.[2] 역사적으로 일본 사회는 단일민족관을 바탕으로 사회 내부의 다양한 존재에 대해서 이질적인 것을 허용하지 않는 정책을 펼쳐 왔다. 동화 정책의 일단을 살펴보기로 한다.

오키나와인들의 정체성

1872년 메이지(明治)정부는 류큐(琉球)왕국을 대(大)일본제국의 일부로 병합했다. 이를 계기로 오키나와(沖繩) 주민에게 행해진 '국민교육'은 그들을 '일본인'으로 개조하는 작업이었다.

류큐는 17세기 초 시마즈[島津, 규슈 남서쪽 사쓰마번 (薩摩藩)의 통치자—역주]의 침략으로 독립성을 잃고 사쓰마를 통해 일본의 근세봉건사회에 편입되었으나, 그 뒤에도 형식적으로는 독자 국가로서 중국과 책봉 관계를 유지했다. 이런 상황에 종지부를 찍고 오키나와를 일본의 한 현으로 만든 것이 1879년의 이른바 '류큐처분'이었다. 메이지정부는 영토 획정과 군사 외교정책의 일환으로 오키나와를 강권 병합하였으며 이 때문에 류큐 지배층의 반발을 불러왔다. 메이지정부는 류큐처분 강행 뒤, 지배층의 경제적 특권을 유지시키는 등 구관온존(舊慣溫存) 정책으로 돌아섰다. 평민에게 일본어를 교육해 차세대의 '일본인화(化)'를 진행시키면서 잠정적으로 토족(土族)을 회유하는 것이었다.

그때 일본 정부에게 오키나와는 국방의 거점이었고, 이 거점을 확보하는 최선의 수단은 오키나와 사람의 일본에 대한 충성심을 길러, 최종적으로 오키나와인에게 오키나와 방위의 임무를 맡기는 것이었다. 이러한 충성심이 길러질 때까지는 옛 관습을 유지시킴으로써 오키나와인들의 감정을 달래는 한편 교육을 통해 일본인화를 점진적으로 완성하고자 했던 것이다.

오키나와 교육에서 중시된 것은 역사관의 개조였다. 류큐처분 당시부터 일본 정부는 "오키나와인이 역사적으로나 민족적으로 '일본인'"이라고 주장하면서 이러한 인식을 주입했다. 그리하여 덴노의 신민화 교육에 커다란 장애가 되는 '방언'을 박멸하고 표준어를 상용(常用)하도록 강제했다. 또 오키나와 독자의 문화를, 버려야 할 열등한 것이라면서 점진적으로 제거했다. 오키나와인들의 일본인화는 이렇게 진행되었다.

오키나와에서 본토로 인구 이동은 제1차 세계대전 때 시작, 1920년대에 본격화했다. 이주해 온 오키나와인의 절반 정도는 오사카(大阪)를 중심으로 하는 한신[阪神, 오사카(大阪)와 고베(神戸)－역주] 지역에 정착했다. 이러한 경향은 전간[戰間, 1차 대전과 2차 대전 사이－역주] 기간 내내 지속됐다.

1924년 '간사이오키나와현인회'(關西沖繩縣人會)가 결성되었다. 본토에 거주하는 오키나와 출신들의 사회운동은 간사이오키나와현인회 활동에서 시작되었다. 이 오키나와 출신자들의 사회운동은 좌파 그룹이 '현인회'를 결성하고 활동한 제1기, 1931년에 재건된 현인회의 이른바 '생활개선운동'이 전개된 제2기, 패전 뒤 전국 조직으로 재건된 오키나와인연맹이 '오키나와독립론'의 색채가 강한 활동을 오사카에서 전개한 제3기, 그리고 오키나와인연맹이 1948년 대회를 계기로 '복귀론'[미군이 전후 점령해 온 오키나와를 일본에 복귀시키자는 주장－역주]으로 선회, 복귀 활동과 연결해 나간 제4기로 구분된다. 오키나와 출신자의 사회운동사는 '오키나와인' 형성 → '일본인' 지향 → '오키나와인' 형성 → '일본인' 지향이라는 흐름 속에서 파악할 수 있다.3)

특히 1930년대 후반 오사카에 거주하던 오키나와 출신자들은 '생활개선운동'을 전개하면서 오키나와어(語)의 사용, 오키나와 술(泡盛, 즉 아와모리)과 요리를 즐기는 식생활 습관, 오키나와 악기[산신(蛇皮線), 청악(淸樂) 연주용의 3현악기로 오키나와를 거쳐 일본에 전해져 샤미센으로 변화했다 — 역주]를 연주하는 잔치, 오키나와 전통 복장(服裝) 등을 개선해야 할 '오키나와의 풍속·습관'으로 간주했다. 즉 오키나와 출신들 스스로 '일본인'으로 동화되기 위해 오키나와의 풍속·습관을 없애려 했던 것이다. 이는 자신의 생활에서 없어서는 안 될 '동향인의 결속'과 이를 지탱하는 오카나와어, 그리고 산신을 연주하며 노래 부르는, 몸에 밴 '동향성'(同鄕性)을 스스로 말살하려 했던 것이다.4) 이처럼 근대 오키나와의 역사는, 이른바 '일본인이 되는' 과정의 역사였다.

아이누 민족의 민족성(ethnicity)

아이누 민족도 일본의 단일민족관에 따라 민족적 독자

성이 억압된 사람들이다.

아이누 민족은 예전에 쓰가루(津輕)·시모키타(下北) 반도 주변지역으로부터 사할린·쿠릴열도에 이르는 곳에 거주했다. 그들은 자신들의 거주지를 '아이누모시리'(아이누의 토지·나라)로 부르고, 주변의 여러 민족과 접촉하면서 대자연 속에서 주로 수렵·어로·채집을 생업으로 하며 독자의 문화를 보존하고 자율적인 생활을 영위하고 있었다. 그러나 일본 중세사회 성립 이후 와진[和人, 왜인(倭人), 중국인이나 아이누인들이 일본인을 부르던 이름—역주]의 북방 진출이 활발해지면서 와진과 아이누 민족의 마찰이 늘어났다. 특히 근세에 에조가시마[蝦夷島, 홋카이도의 옛 이름—역주]에 아이누 교역의 독점을 기반으로 하는 마쓰마에(松前)번이 세워지는 등, 막번제(幕藩制) 국가의 아이누 지배와 수탈이 한층 강화되었다.

이로 말미암아 15세기 중반부터 18세기 말에 걸쳐 아이누 민족은 여러 차례 반와진(反和人)·반마쓰마에번(反松前藩)의 전란을 일으키게 되었다. 그 가운데 커다란 싸움으로 1457년 '코샤마인(コシャマイン)의 전란', 1669년 '샤크샤인(シャクシャイン)의 전란', 1789년 '구나시리·메나시(クナシリ·メナシ)의 전란'이 있었다. 특히 샤크샤인의 전란은 그 규모에서 아이누 민족이 일

으킨 근세 최대의 전란으로, 역사적으로 커다란 의미를 가진 사건이었다. 그러나 마쓰마에번의 아이누 분단책으로 말미암아 아이누 민족은 전란에서 패했다. 그 뒤 마쓰마에번을 매개로 막번제 국가의 아이누 민족에 대한 정치적 지배가 한층 강화되었다.

오늘날 아이누 민족을 차별하게 된 것은 아이누 민족을 이민족으로 지배한다는 식민주의에서 비롯됐다. 식민지 지배로 아이누가 약화되자 메이지정부는 '보호'라는 이름으로 그들에게 '동화'(同化)를 시도했다. 1871년과 1876년의 고유[告諭, 제정시대 정부의 지시 - 역주]로 문신이나 귀고리 풍습을 금지시키고 일본말과 글을 배우도록 했다. 또 1871년 호적법을 공포, 일본 본토인[和人]과 동일하게 평민으로 등록하는 한편 일본식[和風] 한자 이름으로 개명하도록 했다.

1899년 제정된 '홋카이도 구토인 보호법'(北海道舊土人保護法)은 전형적인 예다. '보호법'은 '일시동인'[一視同仁, 누구도 구별하지 않고 똑같이 사랑한다는 뜻 - 역주]의 덴노 체제의 정치이념을 기본 원리로 하여, 메이지정부 체제 성립 뒤 강압적으로 진행해 온 '동화주의' 정책을 집대성한 것이다. 이 법은 아이누 민족에 대한 초등교육의 보급을 토지 공여·농업의 장려와 함께 중요한 시책으로 삼고 있다. 초등교육 보급 시책의 하나는 아이누 소학교(초등학교)의 설치다. 1901년부터 1927년까지 25개 교가 특설된 아이누 소학교는 민족들 사이의 차이를 무시하였으며, 차별적인 학력관(學力觀)에 바탕을 두었다. 그곳에서 교육은 동화주의 정책의 첨병으로서 아이누 민족의 역사·언어·문화를 추방, 비(非)민족화를 추진해 나갔다. 아이누 소학교에서 공부한 가이자와 다다시(貝澤正)는 당시의 체험에 대해 다음과 같이 말한다.

> 선생님이 학교에서 가르치는 것은 ① 일본어 읽고 쓰기를 배우게 해서 일본인화를 도모한다, ② 덴노의 숭고함을 가르치며 내지[內地, 여기서는 홋카이도나 오키나와를 제외한 일본을 가리킴 - 역주] 일본인의 위대함을 심어주는 것이었다. 이것을 되풀이해 뼛속까지 스며들게 하려 했다. 우등생이라는 아이누 어린이들은 아이누어를 버리고 일본어로 이야기하며 와진의 일상생활을 흉내내고 와진의 생활에 녹아들고자 필사적인 노력을 기울였다. 이렇게 되어 어둡고 가난한 아이누의 생활이 싫어져 아이누 부락을 뛰쳐나가 타지로 이사하는 사람, 와진 가운데 섞여 사는 사람이 나오게 된 것이다.5)

가이자와의 글은 아이누 민족의, 민족적 타자(他者)로서[나와 다른 민족으로서 - 역주] 갖는 개성을 부정, 강제로 일본인으로 동화시키는 한편, '탈(脫)아이누'의 길을 교육하고 실천하도록 한 아이누 교육의 특성을 잘 보여 주고 있다.

1945년 패전 이후 아이누를 '구토인'(舊土人)이라고 규정한 19세기의 법령이 남아 있지만 일본 정부에 따라 아이누는 공식적으로 소수민족으로서의 존재가 묵살됐다. 그것은 일본 정부의 단일민족관에 따른 것이었다.

또 아이누 민족은 취직이나 결혼 등 일상생활 영역에서 많은 차별을 받아 왔다. 그 결과 현재 아이누 사람들과 다른 일본인들 사이에는 여러 가지 측면에서 격차가 벌어져 있다.

홋카이도는 아이누 사람들의 생활 실태를 파악하기 위해, 1972년, 1979년, 1986년, 1993년 4차례에 걸쳐서 '우타리[ウタリ, 아이누어로 '우리'라는 뜻 - 역주] 생활실태 조사'를 실시했는데, 1993년 조사에 따르면 제1차 산업, 제2차 산업, 제3차 산업에 종사하고 있는 사람의 비율이 각각 34.6퍼센트, 32.4퍼센트, 32.0퍼센트였다. 아이누 사람들이 거주하는 시·정·촌[市·町·村, 기초자치단체 - 역주] 전체의 1·2·3차 취업비율이 각각 6.9퍼센트, 22.8퍼센트, 69.9퍼센트인 것과 견주어 보면 취업 구조에 격차가 있는 것을 알 수 있다. 농업, 어업 또는 중소기업의 경영 규모도 매우 영세한 것으로 나타났다. 3분의 1

가량이 자신의 생활이 '대단히 힘들다'고 답했으며 생활
보호를 받는 사람의 비율은 평균의 2배 이상이었다. 고
등학교 진학률은 시·정·촌 전체 평균이 96.3퍼센트인
데 견주어 87.4퍼센트, 대학 진학률도 전자가 27.5퍼센트
인 데 견주어 11.8퍼센트에 머물러 사회적 지위를 향상
시키는 데 중요한 교육 수준의 격차도 뚜렷했다.

또 최근(6~7년 전부터)에 무엇인가 차별을 받은 적이
있다고 답한 사람이 7.3퍼센트, 자신은 아니지만 다른 사
람이 받은 사실을 알고 있다고 답한 사람이 10.1퍼센트
였다. 차별받은 내용으로는 '학교생활 전반'이 42.8퍼센
트, 이어서 '결혼 문제'가 23.2퍼센트였다.6)

1960년대에 학령기를 보낸 지캅푸 미에코(チカップ美
惠子)는 자신의 체험에 대해 아래와 같이 회상한다.

초·중학교 기간 동안 민족의 긍지를 느낀 적은 거의
없었던 것 같다. 초·중학교 기간 내내 아이누 어린이들
은 정말로 조신하게 행동했다. 아이누 민족은 털이 많다
는 이유로 민족명(名)에 개를 빗대어 "아, 이누[いぬ, 일
본말로 개를 뜻함 — 역주] 왔다", "아, 이누다"라고 차별
받았기 때문이다. "아, 이누 왔다"라는 말과 함께 돌멩이
가 날아오기도 했다.7)

사회적으로 열등한 위치에 놓여 있던 아이누 민족의 지위를 향상시키기 위해 홋카이도는 1974년부터 '우타리 복지 대책'을 세워 추진해 왔다. 1995년부터 2001년까지 제4차 대책이 실시됐다. 이 대책은 아이누 민족의 문화 진흥, 아이누 사람들에 대한 이해 촉진, 충실한 교육, 생활의 안정과 산업의 진흥을 주요한 목표로 설정했다.

프로세스로서의 재일 조선인

[저자는, 프로세스로서의 재일 조선인이라는 말은 "재일 조선인이 처음부터 존재했거나 그런 말이 있었던 것이 아니라, 일본 사회의 역사와 시간의 흐름 속에서 형성돼 왔다"는 뜻으로 사용한 것이라고 설명한다. - 역주]

식민지 조선에서는 1939년에 시작된 중일전쟁의 격화와 더불어, '내선일체'(內鮮一體)의 구호 아래 '황민화정책'이 본격화했다. 신사참배 강제, 덴노에 대한 충성을 외치는 '황국신민 서사(誓詞)' 창화[唱和, 한 사람이 소리 높여 외우면 다른 사람들이 따라서 외우는 것 - 역주], 필수과목에서 조선어 제외, '창씨개명', 그리고 지원병제와 징병제, 노동징용이 차례차례 강요되었다. 조선인을 '일본인'으로 만든다는 명목 아래 황민화정책을 강력하게 추진·실행한 이유는 전쟁의 격화였다. 조선이 '대륙 병참기지'로서 중요해지고, 조선인을 병력이나 노동력으로 동원할 필요가 생김에 따라 일본에 대한 충성심을 급속하게 길러 내야 했던 것이다. 조선인을 일본군에 편입하기 위해선 조선인이 '식민지인'이 아니라 '일본국민'이어야 했던 것이다.

동화 노선 가운데 먼저 실시된 것은 '조선교육령 개정'(1938년)이었다. 그때까지 '국어'(일본어) 상용(常用)을 기준으로 한 교육기관의 분리 규정은 일단 폐지되고 '보통학교', '고등보통학교' 등의 명칭은 각각 '소학교'와 '중학교'로 바뀌었다. 동시에 교과목도 대부분 내지인의 교과목과 같아졌으며 필수과목이었던 조선어는 선택과목으로 그 지위가 낮아졌다. 일본 정부는 조선인이나 타이완인에게 국가에 대한 충성심을 주입하는 데서 멈추지 않고, 문화나 언어처럼 눈으로 볼 수 있는 형태로 그들을 동화시키려 했다. 황민화정책은 단지 문화적 동화 정책이라기보다는 '정신의 정복'이자 총동원 체제였다.

1910년부터 1945년까지 35년 동안 계속된 일본의 식민지 지배는 직·간접의 압력으로 수많은 조선인이 어쩔 수 없이 일본에 건너가도록 만들었다. 이렇게 일본 사회에 정착하게 된 '재일' 조선인에 대해서도 일본인화의 압력은 직·간접적으로 가해졌다.

재일 조선인은 취직 기회를 갖지 못하거나, 일을 해도 일본인이 꺼리는 힘든 노동조건의 일을 하거나, 혹은 임금이 일본인의 절반 내지는 3분의 1에도 못 미치는 일을 하는 등 다양한 형태의 차별 대우를 받았다.

차별 대우에 대응하기 위해 재일 조선인은 스스로 본명을 버리고 일본식 이름을 사용한다거나, 조선인이라는 사실을 주위 사람들이 모르게 출신을 숨기고 생활했다. 이러한 간접적인 일본인화의 압력뿐만 아니라, 조선 반도에서 실시된 창씨개명이 재일 조선인에게도 행해졌다.

오사카부(府) 다카쓰키시(市)에 살고 있는 '1세'[재일동포 1세대, 즉 한국에서 태어나 일본으로 건너간 세대－역주](남성, 1926년 조선 출생, 3세 때 도일)는 그 모습을 다음과 같이 회상한다.

…… 자이니치에게도 창씨개명은 있었습니다. 재일 조선인 가운데 본국(조선)에 형제 등이 있는 사람은 그들과 함께 했지요. 우리처럼 본국에 친척이 아무도 없는 사람은 (창씨개명을) 하지 않은 채 그저 그렇게 지냈습니다. (일본 정부가 창씨개명) 신고서를 내라고 한 사실은 있었지만요. 아이 때부터 '조센'[조선의 일본 발음－역주]이다 뭐다 많은 일들이 있었지요. 개명을 하든 안 하든 한국인이라는 사실을 압니다만, 그래도 아버지가

일본식 이름을 고려했지요…….

아무리 이름을 일본식으로 바꾼다 해도 다음날부터 바로 일본어를 유창하게 할 수 있는 것은 아니었다. 또 조선식 생활습관이 없어지는 것도 아니었다. '개명하든 안 하든 한국인이라는 것은 알 수 있다'는 것이다. 그래도 많은 재일 조선인들은 이름을 일본식으로 바꾸었다. '이름을 일본식으로 바꿨다'는 것 이상으로, '일본적인 것으로 바꾼다'는 '자세'를 보여주는 게 필요했는지도 모르겠다. 이렇게 하지 않을 경우 '불손한' 조선인으로 불렸다. 또는 '민족 독립'을 꾀하는 '불령선인'[不逞鮮人, 불평을 품고 제 마음대로 함부로 행동하는 조선인 — 역주]이라는 불명예 딱지가 붙었던 것이다. 일본 사회의 압력이나 알력을 피해, 되도록 생활을 부드럽게 할 수 있도록 많은 조선인이 이런 조치를 강구했던 것이다.

조선인에 대한 일본 사회의 멸시와 차별 대우는, 일본에서 태어난 2세의 내면에 커다란 그림자를 드리웠다. 정신적 기반이 조선 반도에 있었던 1세에게는 '일본인인 척하는 것'은 생활상의 '전술'이었다. 그러나 자신의 존재를 부정하는 사회에서 태어나 자란 2세는 추상적일 수밖에 없는 '조국'에 몸을 내맡기지 못하고 일본 사회에서 소외감을 맛보며 고뇌 속에 정체성을 형성하지 않을 수 없었다.

이처럼 일본인화의 압력이 역사를 통해 오랫동안 가해진 가운데 일본 사회의 단일민족관은 민족적 문화적 독자성을 보유한 사람들을 '탈색'시켜 '일본인'이 되도록 포섭하였고, 이질성을 잠재화함으로써 극히 동질성이 높은 사회를 유지시켜 왔다. 그러나 1980년대 후반 이후, 마치 한 덩어리 바위 같던 일본 사회의 문화적 동질성에 균열이 생겼다.

2. 다민족 상황의 출현

일계(日系) 브라질인의 정체성

1989년 출입국관리 및 난민인정법이 개정돼 1990년 6월부터 시행됐다. 법 개정으로 브라질이나 페루로 이민 갔던 일계인[日系人, 일본계 이민과 그 후손-역주]들은 '비숙련 노동자'라 해도 취업에 전혀 제한을 받지 않았다.8) 그 결과 일본 사회에 일계인들이 급증했다. 일계 브라질인이나 페루인은 아이치(愛知), 시즈오카(靜岡), 가나가와(神奈川) 등 자동차 관련 기업이 집중돼 있는 지역에 많이 거주했다.

일본 사회에서 그 논의가 분분해진 '외국인 노동자 문제'는 노동문제에 머물지 않고 생활의 마당[場]으로 그 범위를 넓혀 나갔다. 아이치현 도요타(豊田)시 교육위원회는 1990년 12월 포르투갈어만 사용 가능한 초·중교생이 급증하기 시작하자 '일본어·포르투갈어 회화 입문서'를 재빨리 만들어 대응했다.9) 1998년 말 현재 아이치현에는 2,465명의 일계인이 생활하고 있다. 그 가운데 약 70퍼센트가 브라질인이다. 아이치현에는 일계 브라질인이 나고야(名古屋)시, 도요하시(豊橋)시, 도요타시, 도요

카와(豊川)시, 고마키(小牧)시, 오카자키(岡崎)시의 순으로 많이 살고 있다. 일계인은 1990년대 들어서 점점 빠른 속도로 늘어났다.

현재 아이치현에는 4명의 어학 상담원이 있다. 그들의 주된 업무는 일계인 어린이들에게 일본어를 가르치는 것이지만, 고민을 상담하거나 통역을 하는 등 다양한 일을 하고 있다.

어린이들 가운데는, 인사말 정도는 일본말로 할 줄 아는 축이 있는가 하면 일본말을 전혀 모르는 아이들도 있다. 일본에 건너올 때 조금이라도 일본말을 할 줄 알면 비교적 유연하게 일본 학교에 적응할 수 있다고 한다.

아이치현에는 학교에 외국인 학생이 10명 이상 다니고 있으면 그들에게 일본어를 가르치기 위해 별도의 교원이 배치되는 제도가 마련돼 있다. 그러나 배치된 담당 교원이 반드시 외국인 학생에게 일본어를 가르치는 교육 실천법을 배운 것은 아니다. 그래서 교사들은 어린이들의 말을 못 알아듣겠다든지, 혹은 교재가 어린이들의 필요를 충족시켜 주지 못한다는 따위의 말들을 한다.

이처럼 지금은 일계인 어린이들에 대한 교육이 현장에서 충분히 실천되고 있다고 말할 수 없는 상황이다. 이런 가운데 일본에 건너온 지 오래된 어린이들 가운데는, 일본어는 물론 모국어인 포르투갈어도 읽고 쓰지 못하는 어린이들이 나타나고 있다. 그래서 점차 공부할 의욕을 잃고, 그 때문에·일본어를 익히려는 의욕마저 잃어버리는 악순환이 초래되고 있다.

또 교사들의 다른 고민으로는 어린이들의 생활습관을 이해하기 어렵다는 점도 있다. 그 어린이들에게 '무엇을 어느 정도까지 가르치면 좋을까', '학교나 일본 사회의 규칙을 어디까지 지키도록 해야 할 것인가', 이러한 의문을 교사들은 품고 있다. 일본 사회에서 생활하는 이상 일본어의 습득이나 일본 사회의 생활습관을 배우는 것은 꼭 필요하다. 그러나 한편으로 일본어를 배우거나 일본 사회의 생활 습관을 익히는 것은 브라질인으로서 가져야 할 정체성을 손상시키는 결과를 낳는다. 교사들은 이러한 딜레마를 느끼고 있다.

예를 들어 일본에서는 흔한 '집단 등교'[일정 지역에 거주하는 같은 학교 학생들이 집 부근에 모여 조장의 인솔 아래 함께 등교하는 것 - 역주] 관습이 브라질에는 없다. 또 전(全) 학년이 함께 하는 '숙박 학습'이나, '수학여행'처럼 많은 아동들이 함께 숙박을 하는 학교행사도 브라질에는 없다. 일본 학교생활에서 묵시적으로 요구되는 것은 '모두 똑같이 하는 것'이다. 상담원에게 "똑같이 하지 않으면 주위에서 싫어한다"는 고민을 털어놓는 어린이들도 있다. 또 "다른 사람과 똑같이 행동하지 않았기 때문에 '이지메'(집단 괴롭힘)를 당한다"며 어려움을 호소하는 어린이도 있다. 브라질은 다민족사회다. 다양한 생활습관이 공존하고 있다. 개인의 행동 양식도 다양하다. 이러한 풍토에서 자란 일계인 어린이들은 일본 학교·사회의 집단주의적인 분위기에 위화감을 강하게 느낀다.

또 초등학교 고학년이나 중학생쯤 되는 나이에 일본에 건너온 어린이들이 일본인 학생의 '친구 그룹'에 들어가는 것은 쉬운 일이 아니다. 초등학교 고학년이나 중학생쯤 되면 친구 관계는 이미 고정되기 때문이다. 일계인 어린이들이 일본인 친구를 사귀기는 어려운 편이다. 그 때문에 학교가 싫어져 등교하지 않거나 학교를 그만두게 되는 어린이들도 많다.

한편 아주 어릴 때 일본에 건너와 일본 체류 기간이 오래된 어린이들은 브라질인으로서 갖는 정체성을 잃는 경우도 많다. 상담원이 포르투갈어로 말을 걸면 화를 내거나 피하는 어린이들이 있는가 하면 "브라질인은 싫다. 나는 일본인이다"고 주장하는 아이들도 나오곤 한다. '모국어 망각', '정체성의 상실'이라는 상황 속에서 부모와 어린이들 사이에 의사소통이 어려워지는 것도 심각한 문제다.

일계인 어린이들이 안고 있는 문제는 교과목의 개편으

로 해결되는 것이 아니다. 일본의 '학교 문화' 그 자체의 문제다. 나아가 그것은 '문화적 사회적으로 이질적인 주체(主體)를 어떻게 적절히 자리매김할 것인가'라는 물음을 지역사회 전체에 던지고 있는 것이다.[10]

오키나와 사람들의 민족 복원(ethnic revival)

'일본인화'의 압력으로 오키나와 사람들은 자신들의 문화나 역사에 대해 부정적인 의식을 갖게 됐다. 오키나와에서 내지로 건너온 1세들 가운데는 일본의 '국민교육'을 받으면서 오키나와의 풍속·습관은 개선돼야 할 것으로 생각하는 사람들이 적지 않았다. 그들의 이러한 생각은 오키나와의 독자적인 생활습관과 문화를 모조리 지워 버리려는 '생활 개선 운동'을 낳았다.

그러나 '내지 출생'의 2세들로부터 일본인화가 아닌 '오키나와인' 또는 '류큐 민족'의 문화와 전통을 다시 주시해야 한다는 주장이 나오기 시작했다. 예를 들면 오키나와 출신들이 많이 살고 있는 오사카시(市) 다이쇼(大正)구에서는 2세 청년들이 중심이 되어 조부모와 부모의 역사를 배우기도 하고, 오키나와의 민족요리·민요·민족악기·무용 등의 전승을 통해 오키나와 문화의 재생을 꾀하는 한편 차세대 어린이들에게도 전수하는 '오키나와 어린이회' 활동이 시작되었다. 어린이회에는 2·3세 어린이들이 한 주에 두세 번 모여 산신을 연습하거나 오키나와의 역사와 문화를 배우는 과정이 개설돼 있다.

오키나와가 (미군으로부터) 본토에 복귀된 뒤 3년이 지난 1978년 '오키나와 청년으로서 긍지를 갖자'라는 깃발 아래 '간사이 오키나와 청년의 모임', '가지마루[榕樹, 열대·아열대에 분포하는 뽕나무과의 상록교목—역주]의 모임'이 오사카시 다이쇼구에서 발족했다. 그들은 오키나와 봉오도리[盆踊, 음력 7월15일 밤에 남녀들이 모여서 추는 윤무—역주]인 '에이사'(エイサ) 축제를 부활시켰다. 처음엔 겨우 30명이 춤을 추는 축제였지만, 현재는 오사카뿐만 아니라 효고(兵庫), 교토(京都), 아이치(愛知), 도쿄(東京)에서 오키나와 청년들이 단체로 참가하는 큰 행사가 되었다. 어린이회를 만든 한 청년이 말한다.

왜 1세가 오키나와를 떠나 본토에서 고생하지 않으면 안 됐는지 2세에게는 이해가 되지 않았다. 오키나와 문화도 전해지지 않고 있다. 이것은 역시 교육의 문제다. 오키나와에 관한 것들이 제대로 가르쳐지고 있지 않기 때문에 2세들은 자신 있게 오키나와를 바라볼 수 없는 상태다. 오키나와인들이 많이 사는 이 다이쇼구에서, 아

이들에게 '오키나와'에 관한 것을 가르치는 지역활동을 하지 않으면 안 된다고 생각한다.11)

오사카의 오키나와인들 1세와 2세 사이에는 마음의 벽이 있다. 오키나와를 떠나 고생을 한 1세는 밤에 술이 거나해지면 오키나와 민요를 노래하고 '우치나구치'[ウチ ナグチ, 오키나와 말 – 역주]로 떠든다. 오사카에서 태어난 2세는 이러한 1세의 모습을 '창피한 짓', '지겨운 꼴'로 여긴다. "우리가 가난한 것은 오키나와 출신이기 때문이야." 많은 2세 청년들은 이렇게 생각할 수밖에 없었다.

같은 다이쇼구에 '간사이오키나와문고'(關西沖繩文庫)라는 집회소가 있다. '가지마루의 모임' 창설 멤버인 한 2세 청년이 같은 지역에 거주하는 오키나와 사람들이 모일 수 있도록 자택의 일부를 개방한 곳이다. '간사이오키나와문고'에는 약 6,000권의 오키나와에 관한 책이 꽉 들어차 있다. 이 책들의 대부분은 그 청년이 고서점가에서 사 모은 것이다. '가지마루의 모임'도 '오키나와 어린이회'도 이 '간사이오키나와문고'를 잘 이용하고 있다.

'문고'를 연 청년은 "오키나와를 알려고 필사적으로 책들을 모았지만 이것은 자신감 없는 2세의 불안감이 표현된 것이라고 생각합니다. …… 기본적으로 나는 일본인과 오키나와인은 그 민족성이 다르다고 생각합니다. …… 실제 일본인과 오키나와인은 꽤 차이가 있습니다. 무엇 때문에 스스로 민족성을 없애면서까지 일본인이 되려고 했는지 나는 이해할 수가 없습니다. 잘못됐다고 생각합니다”라고 말한다.12)

그는 고교 시절 진학교[대학 진학을 목표로 수업이 이뤄지는 고등학교—역주]에 다녔다. 그런 그의 마음속에는 ‘부모님은 공부를 하지 않았기 때문에 일본인들이 오키나와 출신이라며 우습게 여겼다. 나는 부모님과는 다르다. 나는 부모님과는 다른 세계로 나아간다’라는 의식이 있었다고 말한다. 그는 학교에서 일본 사회의 차별 문제에 대해 생각하는 연구 모임에 들어갔다. 거기에는 재일 조선인과 ‘피차별부라쿠’[被差別部落, 제2장 1절 참조, 역사적으로 차별받아온 천민 계급 또는 그들이 살고 있는 지역—역주] 출신 학생도 참가했다. 청년은 일본 이름을 사용하고 있던 자이니치 학생에게 민족성을 분명히 하고 본래 이름을 쓰라고 했다. 그러나 자신이 오키나와 2세라는 것은 밝히지 않았다. 이 점을 친구로부터 지적당하면서 ‘오키나와 인으로 생활하지 않으면서 적당히 자신을 얼버무려 왔다’고 느끼게 되었다. 그가 오키나와의 책을 모으게 된 것은 그때부터였다.

1세들은 오키나와말을 한다든가 산신에 맞추어 노래하는 따위의 동향성을 스스로 말살하도록 요구받아 왔다. 그래서 '오키나와인다운 점'[沖繩人性]을 옅게 함으로써 '일본인'이 되는 것을 목표로 삼았다. '오키나와인다운 점의 부정(否定)'과는 상반되게 '술에 취해 오키나와 민요를 노래하거나 오키나와말로 떠들기도 하는 등 힘차게 살아가는 일면'도 있었다. 그러나 2세에게 그것은 현실 생활의 빈곤함이나 일본 사회에서 멸시받는 '근거'로밖에 비치지 않았다.

그러나 1970년대 후반 이후 이제까지 부정해 왔던 '오키나와인'으로서의 정체성을 되살리려는 노력이 시작되었다. 이것은 그들에게 '처음부터 존재했던 오키나와인다움을 재발견하는 일'이 아니고 그들 세대 나름대로의 '새로운 오키나와인이 되는 과정(process)'이었다고 말할 수 있을 것이다.

아이누 민족의 민족 복원

'우타리 보호 대책'은 아이누 민족의 문화 진흥과 산업 진흥, 생활의 안정, 그리고 아이누 민족에 대한 이해 촉진을 목표로 실시됐다. 하지만 이 '대책'에 대해 "지금까지의 우타리 대책을 보면 역시 기본은 아이누의 구제(救濟)와 보호에 있다고 말할 수 있다. 여기에서 우리 아이누는 보호 민족으로서 구제받고 있다는 느낌에 빠져들곤

한다"13)라는 아이누 민족의 의문이 제기되고 있는 것도 사실이다.

또 '지금까지 홋카이도와 아이누 민족의 관계에 대해서는 전혀 알려지지 않았기 때문에 일반 국민의 눈에는 우타리 복지 대책이 생활보호법과 같은 것 아닐까'라고 오해받는 점'도 지적된다. 그래서 아이누로서의 긍지를 전면적으로 내세우고, 나아가 아이누 민족의 경제적 자립을 촉진하는 법률을 제정해야 한다는 지적이 아이누 민족으로부터 제기되었다.

바로 그때, 즉 1986년 9월 시즈오카(靜岡)현에서 개최된 자민당 전국 연수회에서 나카소네 야스히로(中曾根康弘) 당시 총리가 '지식수준'의 발언[미국은 흑인이 있어서 지식수준이 낮은 반면 일본은 단일민족이라서 우수하고 지식수준도 높다는 취지의 발언—역주]을 해 미국을 비롯한 세계 여론의 심한 비판을 받았다. 이와 관련, 나카소네 총리는 제107회 임시국회에서 발언 내용을 해명하며 '일본은 단일민족'이라고 주장했는데, 이를 계기로 아이누인에 관한 논의가 전국에서 일어나게 됐다.

1970년대에 시작된 '아이누인들의 민족으로서의 자각을 기반으로 한 운동'은 1980년대 말 '선주민족'(先住民族)으로서 갖는 권리 주장에 이르렀다. 전 세계적으로 일어났던 소수자 권리 회복 운동의 영향도 컸다. 세계 곳곳에서 선주(先住)·소수(少數) 민족 해방운동이 거세게 일어나면서 이들은 커다란 자극을 받게 되었으며 마침내 유엔 선주민족회의에 대표를 보냈다.

1989년 (일본) 정부는 관계 부처로 구성된 '아이누 신법(新法)문제 검토위원회'를 설치한다. 그리고 1995년 내각 관방장관의 개인 자문기관인 '바람직한 우타리 대책에 관한 전문가 간담회'(ウタリ對策のあり方に關する有識者懇談會)가 설치된다. 간담회는 1996년 보고서를 제출했으며 이것이 받아들여져 1997년 '아이누 문화 진흥 및 아이누 전통 등에 관한 지식의 보급과 계발에 관한 법률'(아이누 문화진흥법)이 제정됐다. '아이누 문화진흥법'은 그 목적을 제1조에서 다음과 같이 말하고 있다.

이 법률은 아이누인의 긍지의 원천인 아이누 전통 및 아이누 문화가 처해 있는 상황을 고려, 아이누 문화의 진흥과 아이누 전통 등에 관한 지식의 보급·계발을 도모하기 위한 시책을 추진함으로써 아이누인의 민족적 긍지가 존중되는 사회를 실현함과 아울러 우리나라의 다양한 문화 발전에 기여하는 것을 목적으로 한다.

이 법률은 일본의 법 체계상 처음으로 아이누인을 민족으로 인정함과 동시에 아이누 민족의 긍지가 존중되는 사회의 실현을 꾀하는 획기적인 것이었다.

그러나 '진흥법'의 내용에 대한 문제 제기가 없는 것은 아니다. 요컨대 아이누 민족의 '선주성'(先住性) 문제가 진흥법과 함께 의결된 '부대결의'(附帶決意)에는 "아이누 민족의 '선주성'은 역사적 사실이며……"라고 씌어 있지만 진흥법 자체에는 언급되지 않았다는 것이다. 이 때문에 진흥법은 그 기본이념이 '문화적 다양성'의 문제로 좁혀졌으며 법률의 내용도 '문화 진흥'에 한정되었다. 이는 아이누인이, 과거에 당한 박해나 차별에 대한 보상이나 배상을 요구한다든지, 선주권을 근거로 새로운 시책의 실시를 요구한다든지, 현재의 복지 대책이 불충분한 데 대해 시정을 요구하고자 해도 이 법률을 근거로 삼을 수 없게 됐다는 뜻이다. 결국 실제로는 '남은 권리 회복의 가능성을 막고 있다'는 지적이 제기됐다.14)

또 '문화 진흥'으로 한정된 법률 내용과 관련, '아이누 민족의 역사나 문화를 박물관적인 시각에서 포착하게 만들지 않는가'라는 우려도 제기되고 있다. 즉 '자연과 공생하는 아이누를 배우자'라거나 '근대 이후의 자연파괴나 마음의 황폐화에 대한 반성이나 속죄의 심벌'로써 아이누 문화를 끌어다 계몽하는 식의 안이한 치켜세움으로 끝나는 것이 아닐까 하는 것이다.15) 이러한 자세의 밑바탕에는 배제되고 박해받아 온 아이누 민족의 역사에 대한 외면과, 그들을 여전히 멸시하고 차별하는 쪽의 '당사자 의식'은 빼놓은 채, '덜된' 존재를 향한 '차별적 동정의 눈빛'만이 자리잡고 있는 것이다.

1993년에 실시된 홋카이도의 '우타리 생활실태 조사'에서는 도내 아이누 민족의 인구가 2만 3,830명으로 보고됐지만 실제는 그 십여 배로 추정되고 있다.16) 그러나 이런 수치에 무슨 근거가 있는 것이 아니다. 다만 추정일 뿐이다. 일본의 급속한 근대화와 도시화가 아이누 민족에 미친 영향이 이러한 현상의 원인으로 지적된다. 도시화나 일본 사회의 멸시 및 차별 대우 속에서 아이누 민족 공동체의 많은 구성원들이 도시로 빠져 나갔다. 그리하여 많은 아이누인들이 출신 민족을 주위에 밝히지 않는 잠재적 존재가 되었다.

진흥법에 앞서 제출된 '간담회 답신'에서는 아이누인 개개인을 인정하는 절차를 마련하거나, 인정 기준이나 정의(定義)를 만드는 것은 곤란하다고 했다. 진흥법도 이런 생각을 답습했다. 이는 '극단적으로 말하면 아이누인이 없어도 아이누와 관련된 여러 시책을 실시해 나간다'고 하는 것이다.17)

도시화한 환경 아래서 '아이누 의식'을 지켜 나가는 것은 어렵다. 일본 사회가 아이누 민족을 '자연과 공생하는 사람'으로 추어올리고, 이런 관점을 바탕으로 '아이누 민족과 공생을 노래 부르면, 그럴수록 아이누의 실존(實存)은 보이지 않게 된다'는 것이다. 게이라 미쓰노리(計良光範)는 주장한다.18) "그러나 이러한 허상에 휘둘리지 않고, 있는 그대로의 아이누인이고자 하는 사람도 있다. 자기 자신 안에서 아이누를 되찾고 나아가 다음 세대에 전하려는 노력이 계속되고 있다." 그리고 이렇게 말을 맺는다. "민족의 재생은 가능하다."

1980년대 후반 이후 등장한 뉴 커머, 올드 커머인 정주(定住) 외국인, 일본 사회에서 독자적인 문화를 지켜온 오키나와인이나 아이누 민족의 존재 등으로 일본 사회의 '다민족성'이 나타나기 시작했다. 이질적 존재들이 어떻게 공존해 나갈 것인가. 서로 어떤 관계를 맺어 나갈 것인가. 견고한 문화적 동질성을 통해 유지돼 온 일본 사회는, 지금까지와 다른 새로운 가치관을 요청하게 되었다. 이런 요청에 대한 답으로 일본 사회가 기대를 건 것이 '공생'(共生)의 개념이었다.

제2장

다문화 공생의 빛과 그림자

1. 공생론(共生論)의 등장

시대의 요청으로서의 '공생'

 '공생'은 원래 생물학에서 사용해 온 말이다. 같은 지역에 서식하는 두 가지 종(種)이 서로 해를 끼치지 않고 공존함으로써 양쪽 모두에 이익이 되는 관계를 가리키는 말이다.

 앞으로 일본 사회가 지향해야 할 모델로서 촉망받고 있는 공생은 처음엔 '자연과 인간의 공생', 즉 환경문제에서 주로 거론됐다. 이 공생의 개념을 사회와 인간의 존재 형태(あり方)에 사용하게 된 것은 산업·경제계였다. 그때는 외국인 노동자의 일본 사회 정착 문제가 배경에 깔려 있었다. '뉴 커머들을 어떻게 일본 사회에 융합시켜 나갈 것인가.' 산업계와 경제계로서는 이것이 초미의 과제였다.

 "외국인과의 공생 교육으로 의식 개혁을—게이자이도유카이(經濟同友會)가 제언—일본인과 외국인이 일본 안에서 국적을 의식하지 않고 함께 생활할 수 있도록 하는 '공생의 관계'를 만들어 나가기 위해 학교교육 등에서 의식 개혁을 해야 한다."—게이자이도유카이가 1989년 7

월 4일 '외국인과의 공생을 지향하여'라는 제언을 영어와 일본어로 발표했다.[1]

또 "급증하는 '외국인 노동자'와 일본인 노동자의 공생을 지향하며"[2]라든가 "외국인 노동자와 공생이 문제가 되는 일본의 삶의 방식(生き方)"[3] 등 '일본 사회에서 외국인과 공생'을 호소하는 발언이 이 시기 자주 나오게 됐다. 공생은 노동 현장에서 일본인 노동자와 외국인 노동자가 지향해야 할 관계로서 사용됐다. 또 그것은 기업의 경영전략이나 경영이념으로서, 또는 정당의 강령에도 사용됐다. 공생은 일본 사회가 지향하는 새로운 이상(vision)으로서 기대를 모으게 된 것이다.

공생은 또 '남성 대(對) 여성', '정상인 대 장애인', '일본인 대 외국인' 등 일본 사회의 여러 소수자 문제에서 근대주의적인 이원론의 논리나 막다른 골목에 몰린 이항대립도식(二項對立圖式)을 뛰어넘는 개념으로서도 커다란 기대를 모았다. 1970년대는 신문 지상에 등장한 것이 4건뿐이었던 공생 개념이 1989년에는 35건, 1992년 198건, 1995년 318건, 1996년 299건, 1997년 299건으로 그 사용 빈도가 늘어났다. 지금 공생의 사상은 서구 중심주의의 20세기를 극복하는 21세기 세계 신질서의 키워드[4]로서 빼놓을 수 없는 개념으로 자리잡고 있다.

여성과 남성의 공생

여성과 남성 관계의 존재 형태를 둘러싼 논의에서도 공생은 자주 사용됐다. '남성 중심에서 남녀가 공생하는 사회로', '여성과 남성이 함께 살아가는 21세기를 지향하여'라는 구호를 1980년대 들어 신문 지상에서 많이 볼 수 있게 됐다.

여성은 남성 중심주의의 사회체제 속에서 언제나 열등한 지위에 놓여 있었다. "인간은 남성이며 남성은 여성을 그 자체로서가 아니라 자신과의 관계 속에서 정의하려 한다. 여성을 자율적인 존재로는 생각할 수 없다. …… 여성은 남성이 결정해 주는 존재에 불과하다. 여기서 여성과 관련된 문제를 '성'(性, le sexe)으로 표현하는 것은, 여성은 남성의 기준 안에서만 자신들의 존재 가치를 사회적으로 인정받는다는 뜻이다. 여성은 남성과의 관계 속에서 존재의 그 형태가 정해진다. 즉 본질적인 것에 대한 비본질적인 것이다. 남성은 '주체'·'절대'이고, 여성은 '타자'(他者)인 것이다."5)

개인적인 생각으로, 이제까지 역사의 한 구석에서 혼자 중얼거리던 데 그친 여성의 견해는, 사실은 개인적인 것이 아니라, 모든 여성이 떠안고 있는 사회적 정치적인 문제이며, 한 사람 한 사람 여성의 체험이야말로 남녀의 권력관계를 여실히 반영하는 것이라고 할 수 있다. 이런 주장이 페미니즘 논의에서 제기된 이후, 여성과 남성의 관계는 종종 '피억압자 대 억압자'라는 이항대립적인 구도로 표현되곤 했다.

1980년대 이후 이런 대립 구도를 넘어 여성과 남성의 새로운 관계를 만들어 내자는, '여와 남의 공생'이 소리 높이 주창되었다.

남녀의 불평등이나 권력관계만 과장하는 페미니즘의 논리에 대한 비판은 여성 쪽에서도 제기되었다. 거기에는 '여성은 본질적으로 착하고[有德], 남성은 본질적으로 악하다[惡德]'고 하는, 여성성과 남성성에 관한 본질주의적인 함정에 페미니즘이 빠져들지도 모른다는 경계심이 자리잡고 있었다.

이러한 의문을 제기한 것은 사회주의 페미니즘 쪽이었다. 사회주의 페미니즘은 급진적인 페미니즘에 따라 고정될 위험성이 있는 성(gender)을, 본질주의적 관점이 아니라 사회 구성의 관점에서 보아야 할 필요성을 지적하였다.6)

"여성성이라는 것은 항상 그 자체와 잘 들어맞지 않는 부분이 있다. 여성성은 잡다한 모순의 집합으로, 언제나 변화한다. 그 형태는, 계급·인종·연령·성적(性的) 지향[사랑하는 대상의 다양성 – 역주]은 물론 개인사(個人

史)적 요인에 따라 다양하게 표현된다. …… 그 자체로 세계를 바꾸거나 구원할 수 있는 통일적 여성성은 존재하지 않는다"7)고 시갈(Segal, L.)은 말한다.

시갈은 현실 세계의 변화 속에서 남성 권력에 균열이 일어나고 있는 것, 소수이지만 남성들 가운데 자기 해방을 지향하는 움직임이 생기고 있는 것을 지적하면서 페미니즘은 여성뿐만 아니라 사회 변혁을 지향하는 남성들에게도 열려 있는 것임을 강조하고 있다. 그리하여 페미니즘은 '남성＝억압자', '여성＝피억압자'라는 고정적인 이원론의 정치이념을 상대화해, '가부장제'라는 남성 중심의 문화 이데올로기로 여성뿐만 아니라, 실은 남성 자신도 속박하는 것이라는 인식 위에 서게 되었다. 페미니즘은 '여성 해방'만을 위한 수단이 아니라 남성도 해방하는 수단이 될 수 있다는 생각이 일어났다. '남녀 공생'은 페미니즘의 이항대립 구도의 극복이 시도되던 시기와 맞아떨어졌던 것이다.

그러나 여성과 남성의 관계에 공생의 개념을 도입하는데 대해, '입맛에 맞는 구호의 연발'에 지나지 않는다는 비판도 제기되었다.

요즘 곧잘 보고 듣게 되는 '남녀 공생 시대'라든지 '남녀의 공생을 생각한다'라는 말에 저항감을 느낀다. 이 말의 등장과 더불어 '남녀평등', '여성 차별'이라는 말들이 쓰이지 않게 되었으며, 지금도 엄연히 존재하는 차별이 은폐되었다고 생각한다. …… 임금 차별, 교육에서의 차별, 뿌리 깊은 성별 역할 분업감(分業感), 관습 가운데의 차별, 아시아 국가들의 여성 차별, 성적 괴롭힘 등 여성 차별은 없어지지 않고 있다. …… 그럼에도 불구하고 이 공생이라는 말은, 평등이 이미 이루어진 것 같은 어감으로써, 차별 극복의 관점과 자세를 모호하게 만든다. 이를테면 "남자도 힘들다. 이 힘든 시대에 남자, 여자 상관 말고 사이좋게 지내자. 공생을 생각하자"라는 문맥으로 사용돼, 여성차별을 인식하기 어렵게 만든다. …… 한쪽의 성을 차별한 채 공생은 있을 수 없다. 지금 존재하는 차별을 엄정하게 바라보면서, 해결을 향한 구체적인 시책을 가진 공생 논의가 되도록, 국가와 자치단체에 강하게 요청하고 싶다.[8]

공생이라는 이름의 '입맛에 맞는 구호'에 대한 의문은 위와 같은 의견 속에 잘 드러나 있다. 세상에서 큰소리로 외치는 '공생 관계'를 실천에 옮겨, 현 시점에서 득을 얻는 것은 누구이며 손해를 보는 것은 누구인가?

공생이라는 표현은, 공생하려고 하는 양쪽이 이미 대

등한 관계를 달성한 듯한 환상을 품게 만드는 느낌을 불러일으킨다. 그러나 실제는 그렇지 않다. 여성과 남성의 관계는 서서히 개선되고 있지만, 그러나 거기에는 불평등한 권력관계가 엄연히 존재한다. 이러한 사실을 외면한 채 공생을 강행하려 한다면 기존의 권력관계를 유지하게 된다. '여성과 남성의 공생 사회'는 이런 위험을 안고 있었던 것이다.

장애인과 정상인의 공생

또 공생은 장애인과 정상인이 지향해야 할 바람직한 관계로서도 빈번하게 사용되었다.

1970년대까지 장애인에 대한 처우는 '보호와 격리'라는 이념 아래 행해졌다. 그러나 이러한 이념은 1970년대 이후 '(당연하지만) 정상인과 함께 같은 지역에서 살아간다'는 관점으로 바뀌었다. 교육, 보육(保育)에서도 특별한 학교나 보육시설이 아니라 교구(校區, 학군) 내 학교나 보육소에서 '같이 살며 커가는' '공생공육'(共生共育)을 구호로 하는 '통합교육' 운동이 전개되었다. 1980년대 이후 이런 이념은 더욱 발전해서, 경쟁 원리에 바탕을 둔 능력주의라든가, 정상인이 만들어 온 문화나 인권 개념 자체를 바로잡으려는 작업이 진행되었다.

'당연하지만 장애인이 같은 지역에서 산다'는 것을 지향한 것은 '정상화'(normalization) 사상이었다. 정상화 개념은 1950년대 북유럽과 덴마크에서 처음 등장했다. 정상화는 정상(normal) 상태, 즉 장애인을 포함한 사회복지의 대상자가 되도록 사회에서 일반적이며 가치 있는 생활양식이나, 개인의 행동과 특징을 확립해 가는 것, 그리고 그를 위한 방법과 환경을 조성해 가는 것을 의미한다.

지금까지 장애인은 정상인이 가까이서 돌보지 않으면 일상생활을 영위하는 것이 불가능하다고 생각했다. 그러나 '그렇지 않다. 장애를 가진 채 일상생활을 하도록 보장하자'는 생각이 제기되었다. 이것은 이른바 장애인 생활의 '상태화'(常態化) 과정을 거쳐 모든 사람이 더불어 사는 사회야말로 정상적인 사회라는 이념에 바탕을 둔 사회 변혁 사상이었다.

정상화 사상에 바탕을 둔 구체적인 시책은 유엔을 무대로 차례차례 전개되었다. 1971년 정신박약자의 권리선언, 1975년 장애인의 권리선언, 1981년 국제 장애인의 해 설정, 1983년부터 시작된 '유엔 장애인의 10년' 등이 그것이다. 일련의 움직임을 통해 장애를 '개인의 속성'으로 포착해 왔던 예전의 견해가, 장애를 '개인과 환경의 관계'로 포착하는 견해로 크게 바뀌었다. 일본에서 1970년대 이후 사회복지 체계를 전면 손질한 것은 이런 세계적 조류를 배경으로 한 것이었다.

정상화 사상은 '자립과 공생', 즉 '서로 다른 조건과 개성을 가진 사람들이, 차이를 서로 인식하면서 공생한다'는 원리에 바탕을 둔 사회를 지향하는 사상으로서, 일본 사회에서도 널리 받아들여졌다.

총리부가 발간한 1995년 판《장애인 백서》에는 '일반인과 똑같은 욕구와 권리를 가진 동료라는 공생의 장애인관(觀)'이 정착되고 있다면서 다음과 같은 평가를 내렸다.

    …… 공생의 사고방식을 한걸음 더 진전시킨 것은 '장애는 개성'이라는 장애인관이다. …… 우리들 가운데는 기가 강한 사람도 있고 약한 사람도 있지만 그렇다고 해서 그것으로 세상 사람들을 둘로 나누지는 않는다. 장애도 각자가 가지고 있는 개성의 하나로 본다면 장애의 유무로 세상 사람들을 둘로 나눌 필요는 없다.

는 것이었다.

그러나 이른바 행정 쪽에서 나온 '관제(官製) 공생론'에 대해 당사자인 장애인들은 강한 위화감을 표명한다.

…… 농담이 아니다. 장애를 기가 강하거나 약하다는 것과 혼동해서는 곤란하다. 먼저, 기가 약하다거나 강하다고 해서 취직할 때 차별을 받는가? 봉급에 차이가 나는가? 사회적인 불이익이 엄연히 존재하고 있기 때문에 장애인인 것 아닌가? …… 나는 '신체장애인 수첩 2급'의 청각장애인이다. 이제까지 인생경험으로 보아도 장애는 '개성'이라는 듣기 좋은 말로 바꿀 수 있는 간단한 것이 아니다. 장애가 있는 사람과 그렇지 않은 사람의 차이를 일부러 강조하는 것이 좋다고 생각하지 않지만, 개성이라는 말로 넘어가는 것은 장애인 문제의 심각함에서 눈을 돌리게 하는 효과가 있는 것은 아닌가.[9]

'장애는 개성'이라고 말해 버리는 것은 마치 장애인과 정상인 사이에 장애를 개성이라고 인정하는 것이 가능한, 대등한 관계가 존재하는 것 같은 착각을 불러일으킨다. 따라서 '정상인의 관점'이 득세하는 현대사회에서 장애인이 받고 있는 차별 대우나, 정상인과 장애인 사이에 가로놓여 있는 권력관계의 문제가 고려 대상에서 제외된다.

공생사회에서 부라쿠(部落) 문제

사회집단 각각의 가치관이나 생활양식이라는 '문화'를

본질적인 것, 실재적인 것이라고 고정적으로 보는 견해와, 사회적 역사적으로 생성·구축된 것으로 보는 견해가 있다. '공생 관계'에서 이러한 '실재와 구축의 딜레마'는 일본 사회의 이른바 '부라쿠 문제'에서도 최근 들어 적극적으로 거론되기 시작했다. 즉 지금까지 부라쿠 해방운동에서 이야기돼 왔고, 목표로 삼았으며, 긍지를 가질 만한 대상이었던 '부라쿠민(民)'이라는 표현을 둘러싸고 논의가 벌어진 것이다.

부라쿠해방동맹은 1997년 제54회 대회에서 자신들의 처지를 나타내는 말로서 사용해 온 부라쿠민이라는 표현을 앞으로 사용하지 않고, '부라쿠 주민' 혹은 '부라쿠 출신자'라는 표현을 규약에서는 사용하도록 결정했다.

하타나카 도시유키[畑中敏之, 1952년생, 리쓰메이칸대학(立命館大學) 경제학부 교수─역주]는 이에 대해 "왜 바꾸는지 충분한 설명은 없었다. …… 이는 설명이 불가능한 문제로 처음부터 무리"라고 말한다. 또 오가 마사유키(大賀正行)의 말을 인용해 "부라쿠민이라고 하면 민족과 같이 다루어지기 때문에 곤란하다고 합니다"라고 말한다.10) 부라쿠해방동맹의 '호칭 변경' 결정에 이르는 과정에서도 역시 실재론과 구축론 논의를 볼 수 있다. 즉 '부라쿠민의 긍지'를 주장하는 것이 거꾸로, 이른바 '피차별부라쿠'가 사회적으로 생성·구축되어 온 것이라는 역사성을 버리게 하고, 결국 '부라쿠 차별'의 고정화를 조장한다는 것이다.

부라쿠 문제에서 실재론과 구축론 논의는 이제까지 자신들이 자명한 것으로 말해 온 부라쿠민은 '도대체 누구를 가리키는 것인가?', 또 '처음부터 부라쿠민이라고 특정할 수 있는 사람은 존재하는가?'라는 논의로까지 발전했다. 최근 수년 동안 논의가 활발히 전개돼 '부라쿠', '부라쿠민' 개념을 바로잡아 가고 있다. 예를 들어 하라구치 다카히로[原口孝博, 1949년생, 후쿠오카 시 직원 – 역주]는 부라쿠, 부라쿠민은 '공동환상'(共同幻想)이라고 주장한다.

내 주장은, 그것들은 공동체 의식에 사로잡힌 모습이라는 것이다. 공동체 의식에 빠져 있는 압도적 다수가 배워 익힌 공동 규범, 모두 그곳이 부라쿠라고 생각하도록 만드는, 거주하는 사람들이 스스로 부라쿠민이라고 생각하도록 만드는 규범의 힘이라고 본다. 나를 포함해 모든 사람들에게 규범의 힘이 침투되어 있다. …… 사로잡힌 방법은 다르지만, 안[부라쿠민 – 역주]도 바깥[일반인 – 역주]도 모두 규범에 얽매여 있다. 안쪽에 있는 인간은 자신들이 부라쿠민이라고 대대로 여겨왔다. 바깥쪽은, 거기(안쪽)가 그렇다고 하는 것 때문에 의식화된다. 이

런 규범의 힘이 어딘가에 있구나 하고 생각한다.11)

부라쿠라고 불리는 지역에서 태어나 자란 사람들은 거기서 생긴 지역공동체적 유대감을 가지고, 자신들이 태어나 자란 지역을 '무라'(村, 마을)라고 부르는 일이 종종 있다. 이 무라에 사는 것을 고집하면서 부라쿠민이라는 사실을 밝히는 게 중요하다고 말하는 스미다 이치로[住田一郎, 1947년생, 재단법인 니시나리노동복지센터 직원 — 역주]는 공동환상론에 대해 다음과 같이 반론한다.

…… 하라구치 씨는 '부라쿠는, 생각하고, 생각된 관계'라고 말한다. 하지만 부라쿠라고 하는 것은 의식(意識)이 아니라 그것을 포함한 존재 그 자체라고 생각한다. 역시 존재다. 하지만 몹시 싫어하는 사람이 있다. 그건 관념인지 모르겠다. 마음으로 수용하고 있는 사람들은 자신들이 부라쿠라고 '주박'(呪縛)된다. 주박이라는 것은 본래는 존재하지 않는 것임에도 불구하고 존재하는 것 같이 얽매이게 되는 것이지만 그 또한 실체(實體)라고 생각한다. …… 부라쿠는 홀로 존재하는 것이 아니라 사회 가운데 존재한다. 그 한 부분을 나 자신도 짊어지고 있다. '부라쿠 밖과 부라쿠는 대등한 관계가 아닌가, 똑같은 인간이 아닌가'라는 점에서 비하하지 않고, '부라쿠가 무엇이

나쁜가'라고 정색하고 말할 수 있다. …… '부라쿠 A는 부라쿠에 대한 차별이 없어지면 A다'라고 말하지만, 나는 부라쿠 차별이 없어져도, '전에 피차별부라쿠라고 불려 왔던 스미다(住田)입니다'라고 가슴을 펴고 말하겠다고 늘 생각하고 있다.[12]

이렇게 양쪽의 의견으로 대표되는 논의는, 부라쿠 사람들의 정체성을 둘러싼 갈등 상황을 상징적으로 반영한 것이라고 할 수 있다. 일본 사회에 아직까지 존재하는, 부라쿠 출신자에 대한 공식적인 혹은 비공식적인 차별 대우. 이의 개선과 불식을 요구하는 그들은, 일본 사회에 대해 '차별받는 존재로서 부라쿠민'이라는 말을 주장할 필요가 있다. 왜냐하면, 부라쿠 출신자들은 한 사람 한 사람 개인으로서 '차별'을 받는 것이 아니라, '부라쿠 출신자'라는 점 때문에 '차별'을 받고 있기 때문이다.

그러나 부라쿠민성(性)을 과도하게 주장하는 것은, 부라쿠 문제의 해결을 꾀한다는 목표에 모순을 초래하는 효과를 낳을지도 모른다. '부라쿠민으로서의 자각과 긍지'를 주장하는 것은 '지역 외' 사람들이 갖고 있는, '역시 그들은 우리와 다르다'라는 생각에 정당성을 부여할 수 있기 때문이다.

'부라쿠민'이라는 인간 구별을 부정하면 차별이나 폭력

을 낳는 구조가 온존(溫存)된다. 왜냐하면, 그 구조에 저항해 이의를 제기하기 위해서는 그 구별에 의거해 내부의 연대를 공고히 하지 않으면 안 되기 때문이다. 그러나 한편 그 구별을 긍정하는 것은 '부라쿠 차별의 해소'라는 궁극적인 목표를, 스스로 가로막을지도 모른다. 부라쿠 출신자들은 이런 정체성의 실재(實在)와 구축(構築)의 딜레마 사이에서 모색을 계속하고 있는 것이다.

공생은 인종, 민족, 성별 등 서로 다른 특성을 갖는 사람들이 갖고 있는 제각각의 가치관이나 생활양식인 '문화'의 이질성을 존중하면서 공존하는 '차이의 존중과 승인'을 중요한 주제로 삼았다. 그래서 그것은 1960년대 이후 미국의 '다문화주의'와 연결되어 '다문화 공생'이라는 형태로 일본 사회에서 확산되었다.

그러나 1980년대 이후 일본 사회에서 커다란 기대를 갖고 맞아들인 공생이라는 개념은, 차츰 그것이 갖고 있는 '양날의 칼' 기능을 드러냈다.

즉, 공생의 관계가 가진 '위험성'이란, 원래 그것이 본인들의 특성인 것처럼 고정화되고 만다는 것이다. '여성'이라는 범주, '장애인'이라는 범주 등을 마치 그들이 본디부터 지니고 있었던 불변 부동의 것으로, '본질적인 것' 또는 '실재적인 것'처럼 보는 관점이다. 이런 관점에서는 사회적으로 생성된 '여성'이나 '장애인'이라는 범주, 또 여성과 남성, 장애인과 정상인 사이에 존재하고 있는 권력관계를 간과하고 만다. 하지만 거꾸로 양쪽의 권력관계를 과도하게 강조하면 이항대립의 막다른 골목으로 논의를 몰아가게 되고 사회집단 내부의 다양성을 경시하게 된다. 공생은 이러한 딜레마를 안고 있는 것이다.

2. 공생사회의 민족성(ethnicity)

다문화 공생의 교육 실천

　1980년대 후반부터 일본의 일부에서 다문화 공생 교육이 이루어지기 시작했다. 인종적 민족적으로 소수자의 지위에 놓인 어린이들의 민족음악, 민족언어 등 민족문화 전수 교육이 행해졌다. 또 일본인 학생들에게는 외국인 어린이들의 문화적 사회적 배경을 이해시키는 교육이 행해졌다. 전후[戰後, 제2차 세계대전 이후 – 역주], 특히 간사이 지역에서 활발하게 이루어졌던 재일 조선인 아동 학생에 대한 '민족교육'도 다문화 공생 교육의 흐름 속에서 새삼 주목받게 되었다.

　그러나 이러한 다문화 교육에 대해 의문을 제기하는 목소리도 나오기 시작했다. 즉 소수인종·소수민족의 어린이들이 그들의 문화유산이나 언어, 역사, 습관과 그 밖의 생활양식에 관한 교과과정을 선택하고 배우는 것은 교육 기회의 평등이나 삶의 기회(life chance)와 거의 관계가 없다는 것이다. 교육 기회의 평등이나 삶의 기회는 구조적·사회계급적·경제적·정치적·인종주의적 요인에 따라 더 많은 영향을 받는다는 것이다. 다문화주의에 바탕을 둔 프로그램을 과도하게 강조하면, 소수민족 어린이들이 해당 사회의 사회 경제 체제에서 살아가는 데 필요한 에너지나 관심을 떨어뜨리게 될 것이라는 지적이다.13)

또 다문화주의 교육은 전통적 민족문화 소유자에게는 효과가 있을지 모르지만, 오랜 기간의 노예시대나 차별 때문에 탈민족화, 탈문화화한 소수자에 대해서 과연 통용될 것인가14)라는 의문도 제기된다.

그들은 문화나 언어 이전에 신분상의 소수자(caste minority)로서 역사적으로 차별을 당했고 사회적으로 배제돼 왔다. 그들은 문화나 언어가 다르다고 차별받은 것이 아니라, '그 인종'이고 '그 민족'이라는 사실 때문에 차별받은 것이다. 그들 소수자 어린이들이 아무리 자민족의 문화적 소양을 쌓고, 다수자(majority) 어린이들이 '이문화(異文化) 이해'라는 이름 아래 소수민족 어린이들의 민족문화를 배운다고 해도 주류(host) 사회의 '차별과 억압의 구조'가 남아 있는 한 공생은 '그림의 떡'으로 끝나고 만다.

그리고 다문화 교육은 문화 사이의 상호 이해를 강화하려 함으로써, '문화적 차이의 강조'와 '지배관계나 차별관계의 은폐'라는 위험성도 안게 된다. 예를 들어 억압의 결과인 일탈(逸脫)행동이나 무기력을 피억압 집단의 문화라고 간주하게 될 우려가 있는 것이다. 또 억압자들은 소수자의 일탈행위나 무기력을 적극적인 대응과 변혁이 필요한 대상으로 보게 된다. 그것을 스스로의 행동에 대한 결과로 받아들여야 하지만 다문화 교육은 억압자 쪽으로 하여금 이를 받아들이지 않도록 만들 위험성이 있다. 또 지배집단에도 독자의 문화가 있으며 피지배집단에도 다른 독자 문화가 있어, 그것이 똑같은 '이문화'로서 있는 그대로 수용되지 않게 된다면, 억압 관계가 불문에 부쳐질 위험이 있다는 것이다.

'이질성(異質性)과의 공존'을 구호로 앞으로 지향해야 할 사회의 이상형으로 받아들인 다문화주의였지만, 주체로서의 '민족집단'과 '민족문화'를 고정적이고 정(靜)적인, 그리고 확고한 것이라 규정, '문화 본질주의'에 빠지는 결과를 초래하고 말았다.

그러나 다문화주의를 문화 본질주의적으로 해석했던 것은, 주류 사회의 다수자 쪽에 있던 사람뿐만이 아니었다. 그 사회의 소수자 쪽에 속한 사람들도 이런 문화 본질주의적인 생각에 빠져버렸던 것이다. 대표적인 것은 아래와 같은 사고이다.15)

"우리들은 지배문화 속에서 끊임없이 문화적 박탈을 받아, 부정적인 자기의식을 갖게 됐다. 이러한 의미에서 우리는 민족적으로 '부족한 존재'이다. 때문에 열심히 민족언어를 배운다든가, 민족악기를 가까이 한다든가, 민족의 음식 문화를 접해, 민족문화를 '충전'함으로써 비로소 '진정한 민족'이 될 수 있으며, 그렇게 함으로써 문화 박탈의 상황이나 부정적 자기의식을 극복할 수 있다"는 것이다.

피억압자의 처지로 내몰린 소수자들은 그 사회의 지배문화로부터 오로지 부정적인 인상만을 부여받아, 자신들의 긍정적인 측면이나 고유성을 스스로 말하는 데 어려움을 겪게 되고 부정적인 본질을 내면화하게 된다. 그런 이유에서 그들은 '피억압자'인 것이다. 따라서 주어진 부정적 본질을 거부하고 긍정적인 이미지를 '자신들의 본질'이라고 스스로 말하는 것이, 지배문화의 질곡으로부터 해방되기 위한 첫걸음이었다. 이는 지배문화로부터 강요당한 부정적 인상을 피억압자 스스로 긍정적인 이미지로 바꾸려는 정치적 운동으로, 이것이 즉 '정체성의 정치역학'(identity politics)이었다.

정체성의 원천이 되는 문화나 전통의 '진정성'(眞正性)을 억압하거나 침해하려는 데 대해 항의나 거절의 뜻을 밝히고, 문화나 민족 전통의 고유성을 주장하기 시작했다.16) 정체성의 정치역학은, 말하자면 상대방[他者]을 고정적인 범주에 집어넣음으로써 일관되고 고정적인 자기 정체성을 형성하기 위한 '장치'의 구실을 한 것이다.17)

즉 '다문화주의에서 문화는 실재인가 구축인가'의 대립 구도가 나타나게 된 것이다.

민족성론(論)의 부활

민족성은 비교적 새로운 용어이다. 글레이저와 모이니헌(Glazer, N. & D.P. Moynihan)에 따르면, "그것은 우리들이 사용하는 민족적(ethnic, 민족적, 인종적 또는 종족적) 집단의 성질 혹은 특성의 의미로는,《옥스퍼드 영어사전(OED)》의 1933년 판에는 나오지 않고, 1972년 수정판에 나온다."[18] 같은 *OED* 제2편의 1989년 판에 따르면, 기록에서 그것을 최초로 사용한 사람은 데이비드 리스만(Riesman, David)이었다(1953). 지금까지의 '계급투쟁'은 명쾌한 계층조직(hierarchy)적 적대감에 뿌리를 둔 것이었다. 이를 대신하는 새로운 투쟁은 교육을 받은 중상류계급의 사람들과 향당심(鄕黨心 : parochialism) 때문에 그러한 사람들에게 위협당한다고 느끼는 집단 사이의 대립을 부각시켰다. 그러한 향당심 가운데 하나로 '민족성'이 거론됐다.[19]

민족성에 관해 활발한 논의가 시작된 것은 1960년대 말부터 1970년대였다. 코언(Cohen, Ronald)에 따르면, 1971년까지 '민족적'이라는 용어는 그다지 중요하지 않았지만 1971년 이후 사정은 완전히 바뀌었다.[20] 근대화와 더불어, 민족집단은 더 고차원의 '민족'(nation)에 일원적으로 통합·소멸돼 서유럽형의 '민족국가'(nation state)로 통합된다고 하는 사고방식이, 근대화론이 융성했던 1960년대에는 이른바 '상식'이었다. 하지만 1960년대 말부터 1970년대에 걸쳐 선진 공업국에서 민족갈등이 분출되자 민족집단이 소멸해 국가가 된다는 근대화론의 단선적인 통합 도식은 뒤집어지고 그것을 대신할 사고방식이 요구되었다.[21] 이렇게 해서 1960년대 말 이후 민족성에 관한 다양한 논의가 전개되어 오늘에 이르고 있다. 여기에서 가장 중요한 것은 민족성을 어떻게 파악하고, 그것에 어떻게 접근할 것인가 하는 문제였다.

주관적 접근법(approach)과 객관적 접근법

1960년대 말 이후 민족성에 관한 논의가 활발해졌지만, 그것을 초래한 요인의 하나는 바드(Barth, Frederik)의 논문이었다.[22] 이제까지 민족집단은 언어·종교·관습·출신·인종 등의 속성을 공유하는 집단으로 해석되고 이러한 속성은 많은 경우 객관적으로 관찰할 수 있다고 여겨졌다.[23] "다른 집단과는 다른 언어를 공통의 모국어로 사용하는 자들로, 동일한 영토 또는 동일한 근접 집단에 속한 사람들"을 민족 단일체(ethnic unit)라고 한 내롤

(Naroll, Raoul)의 개념이 이러한 견해를 대표한다.24) 이에 대해 바드는 "민족집단은 행위자 자신에 따른 귀속 및 동일화의 범주다"라고 해25), 구성원(構成員)의 주관적인 귀속과 정체성을 중심 개념으로 삼았다. 그는 연구의 초점을 문화의 내용이 아니라, 집단을 규정하는 '민족적 경계(境界)'로 해야 한다고 주장했다. 민족성을 이해하기 위해서도 민족집단 사이의 경계 문제가 중요하다고 지적했다.26)

이와 같은 바드의 접근법은 객관적으로 관찰 가능한 속성보다 오히려 집단 구성원의 주관적인 귀속 의식이나 정체성을 중시하는 '주관적 접근법'으로, 그때까지의 접근법과는 크게 달랐다. 바드의 접근법은 민족성 연구에 커다란 영향을 미쳤고, 주관적 접근법은 1960년대부터 1970년대 초에 걸쳐 지배적인 위치를 차지하게 되었다.27) 이와는 달리 민족집단을, 언어·종교·관습·출신·인종 등의 속성을 공유하는 집단으로 해석하고 이들 속성은 객관적으로 관찰할 수 있다고 주장한 것은 '객관적 접근법'이라고 할 수 있다. 주관적 접근법과 관련, 이미 1922년에 막스 베버(Weber, Max)는 "민족집단'은 '체형(體型)이나 습관, 또는 두 가지 모두가 비슷함으로, 혹은 식민이나 이주(移住)의 기억으로 출신 배경을 공유한다는 주관적 신념을 가지고 있는 사람들의 집단을 일컫는다"28)고 정의했다.

주관적 접근법이 등장한 결과 그때까지 막연하게 생각되었던 접근법이 '객관적 접근법'으로서 거꾸로 활성화했다. 어쨌든 바드의 논문이 계기가 되어 1970년대 이후 한동안 주관과 객관이 민족성에 관한 논의의 중요한 부분이 되었으며 이분법에 따라 논의가 전개되었다.

그 전형적인 예가 이사지프(Isajiw, Wsevolod W.)이다. 이사지프는 다음과 같이 객관적 접근법과 주관적 접근법을 구별한다. 즉 "객관적 접근법은 민족집단을 어디까지나 현실의 현상으로서 '이미 거기에 있는' 것으로 가정하는 것과 달리, 주관적 접근법은 민족성을 개개인이 스스로를 그들과는 다르다, 다른 집단에 속해 있다고 동정[同定, 분류학상의 소속을 결정함—역주]하는 과정, 또는 개개인이 스스로 그들과는 다르다고 동정하고 그들로부터도 다르다고 동정받는 과정"이라고 정의한다.

이사지프에게 구조론적 방법론을 반영하고 있는 전자(객관적 접근법)와 현상학적 방법론을 반영하고 있는 후자(주관적 접근법)는 서로 환원이 불가능한[저자는 서로 공통점이 없다는 뜻으로 사용했다고 설명—역주], 완전히 다른 것이다.29) 이사지프는 민족성에 대한 다양한 정의를 검토, 민족집단의 구성요소로 사용되고 있는 문화적 속성을 추출해, 객관적 접근법에 따라서 민족집단을

'동일 문화를 공유하는 사람들로 이뤄진 비자발적 집단'이라고 일반적 정의를 내렸다.[30]

그러나 차츰 객관적 접근법이든 주관적 접근법이든 단독으로 민족성을 파악하는 것은 충분하지 않다고 여겨지게 되었다. 객관적 접근법은 민족집단을 한정된 속성들로 규정해 버리기 때문에 집단의 변동 과정이 충분히 포착되지 않는 결점이 있다. 또 속성이 쇠퇴해 감에도 민족단의 귀속감이 강조되고 민족성이 활성화되고 있는 현상을 설명할 수 없다. 또 객관적 속성을 아무리 공유하고 있다고 해도 구성원들 사이에 소속감이 결여되어 있으면 그 집단은 민족집단이라고 할 수 없는 것이다.[31]

한편 주관적 접근법은, 민족성 개념을 부당하게 '확장'하거나 '활용'한다는 필연적인 한계가 있다.[32] 구성원의 주관적 정의에 의지하면 온갖 집단이 민족집단이 된다. "이것은 극도의 주의주의(主意主義 : voluntarism)로 흐르게 된다."[33] 이렇게 생각하다 보면 결국 '민족집단이나 민족적 정체성에 관한 모든 정의는 주관과 객관 쌍방의 요소로 구성되지 않으면 안 된다'[34]는 결론에 이른다. 이리하여 주관과 객관의 이분법은 민족성에 관한 논의의 주요한 논점에서 벗어나게 된다.

원초적 접근법과 도구적 접근법

바드의 민족 정체성론 이후 민족성 연구의 중심적 관심은 민족집단 구성원의 주관적 정체성의 원천이 무엇인가라는 문제로 모아졌다. 거기에는, 민족성은 비합리적인 감정적 유대를 바탕으로 한다고 보는 원초적 접근법과, 민족성은 부대현상에 지나지 않고 실제로는 이익집단으로서 기능하고 있다는 도구적 접근법이 이론적 대극(對極)을 형성하고 있었다. 이처럼 두 개의 접근법을 구별·분류해 대비하는 것이 1970년대부터 1980년대에 성행했다.

'원초적'(primordial)이라는 말을 처음으로 사용한 것은 쉴즈(Shils, Edward)였다(1957년). 이어서 탈식민지 시대를 맞은 신생 국가의 정치 생활과 관련, 주어진 것으로 받아들였던 정체성에 대해 이 말을 사용해 논의를 전개한 것은 기어츠(Geertz, Clifford)였다.35) 기어츠는 '원초적 애착'(본원적 유대)을 "사회적 존재의 '여건'에서 생겨난 것"이라고 정의한다. 이것은 "주로 직접적인 접촉과 혈연적 관계를 의미하지만, 나아가서는 특정 종교 집단에서 태어났다는 사실, 특정의 언어, 경우에 따라서는 그 가운데 하나의 방언, 또는 특정 사회관습에 따르는 것에서 유래하는 소여성[所與性, 이미 시작부터 갖고 있는 성질 — 역주]을 의미한다." "혈연이나 언어관습 등을 공유하는 것뿐 아니라 입으로 표현하지 않는, 때에 따라서는 압도적인 강제력을 갖고 있다고 생각되는", "그런 결속은 사회적 상호 작용으로 생긴다기보다는, 오히려 자연스러운—사람에 따라서는 정신적이라고 할 것이다—친근감에서 생기는 것으로 생각할 수 있다"는 것이다.36)

마찬가지로 아이작스(Isaacs, Harold R.)는 일반적으로 '민족집단'에 소속돼 있다는 사실에서 파생되는 정체성인 '기본적 정체성'이 "'원초적인 친근과 애착'이라고 불리는 것에서 형성된다"면서 "인간이 태어날 때 이미 갖고 있든가, 태어나서 익히게 된 정체성"이라고 한다.37) 데보스(De Vos, George)는 "민족성이란 과거와 이어져 있다고 하는 감정, 어떤 사람의 자기정의(自己定義)의 본질적인 부분으로서 유지되고 있는 감정"이라면서 이 과거 지향의 자기 개념은 "선조나 기원에 바탕을 두고 정의(定義)된다"고 한다.38)

이와 같은 원초적 접근법과는 반대 견해를 갖고 있는 것이 도구적 접근법이다. 도구적 접근법은 인류학에서는 코언(Cohen, Abner) 등이, 정치사회학에서는 헥터(Hechter, Michael) 등이 발전시켜 왔다. 코언에 따르면 "스스로를 공식적으로 조직하지 못한 이익집단의 구성원은 대부분, 무의식적이지만 자신들의 조직을 확실하게 표현하는 데 이용할 수 있는 문화적 수단이라면 무엇이든 이용하려는 경향이 있다. 바로 여기에 정치적 민족성이 존재하는 것이다.” 다시 말해 민족성은 “어떤 이유에선가 자신들을 공식적으로 조직하지 못하는 이익집단의 조직적 기능을 확실하게 표명하기 위해 이용된다”는 것이다.39) 따라서 “도시의 민족집단 형성에는 관계나 습관의 역동적인 재편성이 포함되는데 이것이 문화의 보수성, 계속성의 결과는 아니라는 것이 분명하다”는 것이다.40)

헥터에 따르면 중심(core) 지역과 주변 지역 사이의 격차로 ‘문화적 분업’이 생기게 된다. 그 결과 주변지역 출신자가 “자신들의 불이익은 민족적 특징 때문에 일어나는 일”이라고 생각하게 된다든지, 반대로 “고용자 쪽에서 문화적으로 특징이 있는 집단(minority) 쪽이 그렇지 않은 토착 노동자(majority)보다 열심히 훈련한다는 사실을 알게 됨”으로써 민족적 정체성이 확립돼 나가고, 민족 사이의 적대감이 점차 증폭된다는 것이다.41) 따라서 “현대 민족성의 기원은 궁극적으로는 자본주의 세계 경제의 불평등에서 유래한다”42)는 것이다. 또 “민족적 결속이 나타나는 것은 사회의 구조적 차별 양식이 널리 인식될 때의 반응 같은 것이므로 이를 전통적 또는 원초적이라고 생각하는 것은 도움이 되지 않는다. 오히려 민족적 결속은 문화적 분업을 개선하자고 요구하는 집단 쪽의 고도의 정치의식을 보여주는 것이다.43)

1970년대 이후 원초적 접근법과 도구적 접근법의 대립이 민족성론의 주요한 논점으로 떠올랐지만, 그러나 이 경우에도 어느 한 쪽이 전적으로 옳다고 할 수는 없을 것이다. 원초적 접근법은 민족성이 사람들을 고정화한 틀에 집어넣어 정착시킬 때 발휘하는 강력한 힘을 설명할 때 적합하다. 그러나 사회 상황의 변화에 직면하면서도 왜, 그리고 어떻게, 민족성이 존속하고 유지되는지를 설명하기에는 불충분하다.44) 한편 도구적 접근법은 민족성이 존속하고 유지되는 것을 설명하는 데는 적합하지만, 그렇다면 왜 하필 민족성이 그렇게 힘을 발휘하는지를 설명하지 못한다. 이처럼 원초적 접근법과 도구적 접근법의 한계나 문제점이 분명하게 드러나면서 이와는 다른 접근법이 1980년대 이후 출현하게 된다.

1980년대 이후의 접근법

민족성을 둘러싼 논의는 이처럼 객관적이고 본원적인 요소를 본질로 보는 주장과, 주관적이고 인위적인 요소를 중시하는 주장 사이의 대립의 역사였다.

1980년대 이후 문화인류학에서 "'전통'은 오래된 듯이 보이거나 또는 그러하기를 요구받지만 그 기원은 사실 근대 이후의 것인 경우가 많다. 때로는 꾸며낸(invented)

것도 있다"[45]는 홉스봄(Hobsbawm, Eric)의 '전통의 창조'론이나 "민족(nationality)과 민족주의(nationalism)는 문화적 인조물(人造物)"이며 "일상적으로 얼굴을 마주치는 원초적 촌락보다 큰 모든 공동체는 (그러나 아마 이러한 원초적 촌락마저도) 상상된 것"[46]이라고 하는 앤더슨(Anderson, Benedict)의 '상상의 공동체'론의 영향을 받은 접근법이 대두되었다.

민족성론에서도 1980년대 중반 이후 이러한 접근법을 받아들인 논의가 등장했다. 솔러스(Sollors, Werner)에 따르면 "민족집단은 일반적으로 자연스럽고 진실(眞實)되며, 불멸이고 안정돼 있는, 정적(靜的)인 단위처럼 상상되고 있지만", "그 정도로 옛날부터 뿌리 깊게, 역사적 과거로부터 살아남은 힘은 아니다", "이것(민족집단)이 보여주는 것은 가시적이고 고정적인 공동체로 변신하면서 획득한 근대적 소속감으로, 민족성은 혈족 관계의 상징성을 훨씬 자연스럽게 보이도록 함으로써 그 구성원을 동원할 수 있게 한다"는 것이었다.[47]

이러한 이론적 틀을 바탕으로 민족성의 근대성과 과거와의 불연속성을 밝히는 논의가 급속하게 발전되었다. '발명론'에 따르면 순수하고 단일한 문화 따위는 존재한 적이 없으며, 민족도 원래는 존재하지 않았는데 근대에 들어서서 새롭게 만들어진 것이고, 민족집단이나 그 전통

은 의도적으로 '발명'된 것이다.[48]

　이러한 접근법은 민족성을 과거로부터 단절시키고, 민족성을 상대화한다. 민족성의 유동적이고 가변적인 측면을 포착하는 것이 가능해진다는 장점이 있다. 그러나 한편으로는 이러한 '발명론'에 의문을 던지는 의견도 나오고 있다. 예를 들어 스미스(Smith, Anthony D.)는 민족론 및 민족주의론에서 문화적 공동체는 근대 이후 갑자기 출현한 것이 아니라고 말한다. 그는 '공통의 역사적 기억', '공통의 문화적 요소' 또는 '연대의식'을 가진 공동체를 '민족'(ethnies)이라고 정의하면서 이러한 것은 고대나 중세에도 존재했다고 주장하고 있다.[49]

　1990년대 이후 세계화가 진행되는 가운데 '이동'이나 '월경'(越境)에 따라 민족이나 문화의 혼합이 세계적 규모로 이뤄지고 있어 지금까지의 '단일민족＝단일문화＝단일국가'라는 일원적 정체성의 존재방식으로는 사람들을 제대로 이해하기 어려운 상황이 늘고 있다. 그리고 이른바 다원적 정체성(postmodern identity)의 존재 방식으로서 '크레올(creole, 혼혈)성(性)'이나 '디아스포라(diaspora, 민족의 분산)성'과 같은 개념이 주목을 받게 됐다.

　처음에 '크레올성'은 다른 인종, 다른 민족이 서로 섞여 '열화(劣化)되다', '흐려지다', '순수하지 못하다', '모호하다', '어수선하다', 또는 '고유성을 결여하다'는 뜻으로 이해됐으며, 그것은 곧 인종과 민족의 순수함이나 본원성이 결여됐다는 부정적인 지표였다.

사람들의 '이동', '월경' 행위는 이주한 곳에서 '정주화'(定住化)로 그 위상이 바뀌고, 인종과 민족의 혼혈이 진행된다. 그들은 이러한 정체성의 상태와 사회의 모습을 '크레올성'으로서 수용, 주장하기 시작한다. 전에는 '불순함' 등 부정적인 정체성으로 여겨져 왔던 것이 타자(他者)에게 열려 있는 복합적 정체성의 가능성으로서 적극적인 의미를 갖게 된다.

'디아스포라성'도 '월경성'이나 '이종 혼혈성' 속에서 창조적 에너지를 찾아내려는 것이다. 홀(Hall, Stuart)은 '민족분산의 정체성'(diaspora identity)을 '잡종 혼혈성에 따라 정의한 것'으로서 '변환과 차이를 통해 늘 새롭게 자신을 생산 또는 재생산하는 것'이라고 한다. 또 "이러한 의미의 문화적 정체성은 '……이다'임인 동시에 '……로 된다'의 문제다. …… 이는 본질화한 과거 가운데 자리잡은 것, 영원히 고정적인 것과는 거리가 멀다. 문화적 정체성은 역사, 문화, 권력의 계속적인 구실에 따른 것이다"라고 설명한다.50) 민족분산의 정체성의 창조적 에너지는 개인적·구조적·역사적 중층 상황의, 해소가 안 되는 긴장감에서 생겨나는 것이라고 한다.

이러한 다원적 정체성의 가능성에 대해 높이 평가하는

목소리가 있는 반면, '탈정치성'에 경계감을 갖는 목소리도 존재한다. 즉 실제로 식민지 지배에 따라 '디아스포라'를 강요받은 이민이나 난민의 역사적 체험을 버리고 '대도시에 사는 지식인에게만 허락된 월경성이나 디아스포라성을 이념화하고 만다든가 또는 거꾸로 구(舊)식민지 문화의 크레올성을 실체화해 이상으로 삼아 식민지주의의 공범이라는 고발을 면하기 어렵게 된다'51)는 것이다.

크레올성 또는 디아스포라성은 식민지주의의 결과로 '강요된' 특성으로서, 그 수동성을 당사자들이 적극적 긍정적인 특성으로 재해석한 것이었다. 하지만 그렇다 하더라도 식민지주의가 곧 적극적 긍정적으로 평가된다는 것을 ·뜻하지는 않는다. 식민지주의의 '상흔'은 여전히 변함없이 남아 있는 것이다.

크레올성과 디아스포라성에 대한 비판은, 그 복합성, 중층성, 다원성이라는 가능성과 맞바꿔 식민지주의의 상흔을 은폐하지 않을까라는 것이었다.

현대사회와 재일 조선인 민족성

지금까지 본질적인 실체로 생각해 온 것을 해체해 가는 '탈구축'의 흐름은 기존의 고정적 민족상을 재구축하도록 만들었다. '민족의 탈구축'에서 키워드는 '복합성'과

‘이종 혼혈성’이었다. 이러한 민족성관(觀)의 변화는 재일 조선인의 경우에도 마찬가지로 진행됐다.

1969년 일본 태생 2세의 인구가 재일 조선인 전체의 72.4퍼센트, 1974년에는 75.6퍼센트를 차지하게 됐다.[52] 1960년대에서 1970년대에 걸쳐 재일 조선인 사회는 세대교체의 시기를 맞았다.

정영혜(鄭暎惠)는 재일 조선인의 차별 반대 운동을 질적으로 전환시킨 것은 1985년에 절정을 맞이한 ‘지문 날인 거부, 외국인 등록법 반대운동’이라고 지적한다. 이 운동을 이끈, 1980~1984년 사이의 지문날인 거부자 107명 가운데 2세와 3세의 남성이 약 절반을 차지했으며 여성이 약 20퍼센트, 20세 이하의 미성년자도 약 20퍼센트를 차지했다. 1세 남성들은 놀랄 만큼 적었다. 여기에는 단순한 세대교체 이상의 의미가 있었다고 한다.[53]

본국과의 관계를 중시해 본국의 정치 상황이 재일 조선인의 존재 양식을 좌우한다고 생각해 온, 이른바 ‘정치주의 일변도’의 시대로부터 자이니치로서 일본 사회의 지역 조직을 기반으로 해, 서로 다른 사람들이 공생하는 것을 지향하는 시대가 된 것이다. 이 시기 일본의 국제인권규약, 난민조약 비준 등과 관련해 ‘정주 외국인’의 인권을 둘러싼 시민운동이나 토론이 활발하게 전개됐던 것도 자이니치를 둘러싼 논의에 박차를 가했다. 이러한 사회

정세를 배경으로 자이니치의 자기주장과 권리를 요구하는 사회운동이 전개됐다. 1980년대 이후 일본 전국에서 기존의 민족단체나 그때까지 재일 조선인 사회운동이 갖고 있던 '정치주의적 색채'와 일정한 거리를 두는, 2세 이하 세대를 중심으로 하는 재일 조선인의 권리 획득 운동 또는 문화 운동이 활발히 전개되게 됐다.54)

민족차별과 싸우는 재일 조선인 운동은 종종 일본의 단일민족관을 비판했다. 그러나 사실은 재일 조선인 스스로 '민족의 순수혈통'이라는 신화를 전제로 하는 모순에 빠졌다. 재일 조선인의 민족적 정체성은 일본 사회의 '동화(同化)와 억압'에 대한 '저항', 나아가 '해방'의 수단이었다. 그러나 이러한 말이 안고 있는 모순이 차츰 드러나기 시작해 자이니치의 세대교체가 진행되는 가운데 이러한 말에 얽매이지 않는 사람들이 출현하기 시작했다. 이른바 '귀화인', 또는 '혼혈인'들이었다. 처음에 그들은, 민족적 정체성이라는 말이 쌓아 놓은 세계에서는 '불순한 존재'라는 부정적 평가를 받았다. 그러나 "인구 이동, 법적 지위, 혼인관계, 사회경제적인 지위, 가족관계의 양식, 하위문화(sub-culture), 성(gender), 게다가 과거 기억의 농담(濃淡) 등 자이니치의 변화는 다방면에 걸쳐 일어났으며 자이니치의 집단적 정체성의 흔들림과 분화는 엄청난 기세로 진행됐다."55) 예전에 '민족의 배반자'라는 이유로 주변에서 쫓겨났던 존재가 지금은 양적으로 무시할 수 없는 세력이 되었다. 일본 국적을 취득했지만 조선인으로서 사는 길을 선택한 사람들도 출현했다. 지금까지의 민족적 정체성을 적용하려 하면 '개개인의 정체성의 복합적인 성격을 지나치게 단순화하는'56) 상황이 나타나기 시작한 것이다.

재일 조선인에게는 '일본인화하고 있는 자신'이 엄연히 자기 내부에 존재하고 있다. 이는 지금까지 '동화' 또는 '민족성의 상실'이라고 부정적인 평가를 받아 왔다. 그러나 이러한 '자신 속의 불순성(不純性), 다원성, 복합성, 혼혈성, 외부와의 연속성, 무경계성'을 주체적으로 받아들여 적극적으로 평가하는 것이 필요하다는 주장이 제기됐다. 그것은 '무엇보다도 순혈성(純血性)의 신화를 깨뜨리는 것이며 순수한 정체성이라는 개념에 뿌리를 내린 차별을 잠식하는 것'57)이라는 주장이었다.

최근 증가하고 있는, 재일 조선인과 일본인 사이에서 태어난, 이른바 '다부루'(double) 어린이들의 존재, 또는 '일본 국적을 가진 재일 조선인'의 존재는 이러한 '복합성' 및 '경계의 무의미화' 현상을 구체적인 형태로 보여주며 그 존재 의의에 적극적인 평가를 하지 않을 수 없다고 말할 수 있을 것이다. 그러나 다른 한편 지금까지의 정체성론에서 탈피하려는 시도는, "우리는 이 사회에 정착하고 있으며 조선의 문화에 대해서는 아무것도 모르며 조선 반도에는 아무런 기반도 없기 때문에 이미 조선인이 아니다. 조선인이라는 것을 고집하는 것은 우리들의 인간적 해방을 향한 열망에 질곡밖에 되지 않는다”는 주장을 정당화하지 않을까 하는 우려도 들려왔다.

민족적 정체성을 확립함으로써 ‘동화의 압력’에 저항해 온 사람들에게 “우리들은 ‘민족’을 이유로 부당한 처우를 받고 있지만 지향하는 것은 ‘민족’의 해방이 아니라 어디까지나 ‘개인’의 해방”58)이라는 주장은 설득력을 갖기 어렵다. 오히려 이는 일본 사회체제를 보완하는 것이 되고 만다고 생각할 수 있기 때문이다. “‘개(個)의 존중’은 필요하지만 민족이 받고 있는 현실의 억압에 대해서는 민족으로서 맞대응하지 않으면 실천적 해결로 연결되지 않는 것 아닌가.” 재일 조선인의 ‘민족 탈구축론’에 대해서 이러한 의문이 제기되었다.

지금까지의 ‘민족 정체성’이 여성이나 집단 내부의 다양한 개인들을 억압하는 기능을 해 온 것은 사실이다. 이러한 집단적 정체성이 갖고 있는 억압으로부터 벗어나는 것은 중요한 과제이다. 그러나 재일 조선인의 집단적 정체성이 자이니치가 받는 압력에 대항하는 ‘무기’로서 기능해 온 것 또한 사실이다. 재일 조선인의 민족적 정체성을 필연적인 것으로 생각하는 견해는 부정돼야 하지만 과연 그 '필요성'까지 부정할 수 있을 것인가.

'재일 조선인'이라는 인간 분절의 실재성(實在性)을 부정하면 차별과 폭력을 낳고 있는 현실 구조를 온존시킨다. 그러나 한편으로 집단적인 민족 정체성의 과도한 강조는 내부의 개인을 억압하는 것이 된다. 재일 조선인 또한 해체해야 할 것에 의존하지 않을 수 없다는 곤란한 위치에서 출발하게 되는 것이다.

세계화가, 그리고 사회의 다문화화가 진행되는 현대사회에서 사람들은 누구나 닻을 내릴 자신의 항구를 찾아왔다. 자신이 누구인가를 모두 알려 했다. 모두 누구인가가 되려 했다. 그리고 이를 민족, 성별 등의 '정체성'에서 구하려 했다. 그러나 그러한 '자신(自身)의 회복과 확립'이란, 실은 "끊임없이 '나는 누구인가'를 정하고 택일하라"[59]는 사회적 압력은 아니었는가라는 물음도 들린다. "자신을 해방하는 것은 정체성 갖기를 강요당하는 것에서의 자유"[60]가 아닐까. 사람들은 모두 이러한 '정체성의 희구(希求)와 속박'을 모색하는 가운데 매일 살아온 것이다.

그러면 이러한 현대사회에서 정체성을 둘러싼 역사와 현상의 역학관계를 재일 조선인의 민족성 속에서 살펴보도록 하자.

제3장

민족이라는 자유
―재일 1세의 민족성―

1. 민족의 질곡

도일(渡日)과 정주화(定住化)

다카쓰키[高槻, 광역자치단체인 오사카부(府)의 한 기초자치단체 - 역주]시에 사는 정경조(鄭景朝) 씨는 1911년 전라남도에서 태어났다. '한일합병' 다음 해이다. 정씨 집안은 비교적 유복했다고 한다.

정씨는 고등보통학교까지 조선에서 마치고, 공부를 더 하기 위해 1934년 23세 때 일본에 건너왔다.

정씨는 당시 조선의 모습을 다음과 같이 회상한다.

> 우리 집은 한여름에도 흰 쌀밥이나 생선을 먹었지만 마을 사람들은 대부분 제대로 먹지 못했습니다. 먹을 것이 없었습니다. 일년 내내 죽어라 일해도 제대로 먹을 수가 없었습니다.

1910년 한일합병으로 일본은 조선에 대한 식민지 통치를 시작했다. 일본이 조선에 부과한 구실은 일본의 공업화에 부합하는 값싼 식량과 노동력의 공급이었다. '쌀 소동'[제1차 대전 말기인 1918년, 전쟁이 장기화하고 시베

리아 출병을 앞둔 일본 정부가 쌀을 사들이면서 쌀값이 크게 오르자 그해 7월부터 도야마현, 교토, 나고야, 도쿄 등 일본 전국에 걸쳐 하층 노동자와 부라쿠민을 중심으로 70여 만 명의 군중이 쌀가게, 정미소, 고리대금업자 등을 습격하는 소동이 벌어져 2개월 이상 지속됐다. 결국 일본 정부는 군(軍)을 동원해 진압하는 한편 쌀 가격을 내려 소동을 가라앉혔다ー역주]을 겪은 일본은 값싼 쌀을 안정적으로 공급하기 위해 조선의 쌀 생산력을 증대시켜, 그 증대분을 일본에 들여오려는 '산미증식계획'(産米增殖計劃)을 입안·추진했다. 지주가 주도하는 쌀 상품화와 수출이 확대되는 가운데 왜곡된 상품 경제의 농촌 침투는 계층 분화를 일으켜 수많은 빈농(貧農)을 만들어냈다.

이러한 상황에서 많은 사람들이 인구 압력에 따라 내몰리는 형태로 만주나 일본으로 건너갈 수밖에 없었다.

그때는 식민지 지배 시절이어서 일본인들은 문맹정치를 했습니다. 조선인들을 되도록 무학으로 해 두자는 것이었죠. 그래서 일하고 또 일해도 먹을 것이 없었죠. 대부분 소작인이어서 자신의 논을 가지고 있는 사람은 거의 없었습니다. 그·시절에는 초등학교도 좀처럼 갈 수 없었습니다. 부모님 덕분에 학교를 마치긴 했습니다만 학교를 마치고 나서 갖가지 모순을 느꼈습니다. 집 가까이에는 학교가 없었기 때문에 나는 초등학교 때 1리 반[한국의 거리로는 15리, 약 6킬로미터-역주] 정도 걸어다녔습니다. 그때는 초등학교를 보통학교라고 불렀습니다. 큰 마을이었지만 그 학교에 다니고 있던 학생은 단지 내 친척 아이뿐이었습니다. 조선 전체가 그랬습니다. 내가 살던 마을뿐만 아니라 전체가 그랬습니다.

1920년대 이후 본격적으로 재일 조선인 노동자층이 형성되었다. 차별받고 아무런 권리도 없는 상태에서 그들이 얻을 수 있었던 일거리는 저임금, 열등한 노동조건 등 극도로 불안한 것에 한정될 수밖에 없었다. 조선인의 생활은 비참하기 짝이 없었다.

일을 해도 제대로 먹을 수가 없었지요. 한 가지 기억나는 게 있습니다. 시모노세키(下關)에 도착해 쌀가게 앞을 지나가게 됐는데, 진센미[じんせん米, 인천쌀, 진센은 인천의 일본식 한자 읽기 발음-역주]가 1킬로그램짜리 봉지에 담겨 가게 앞에 놓여 있었습니다. 나는 앗, 하고 놀랐습니다. '이건 조선에서 온 쌀이라고, 그쪽(조선)에서는 먹을 수가 없는데, (조선에서는) 여름이 되면 보리밥도 제대로 먹지 못하는데 어째서 (일본에서

는)…….' 다른 나라가 아니었잖아요. 그 시절 일본은 '내지'라고 불렀지요. 사실은 '내지'가 아니었습니다만, 여하튼 우리나라는 '외지', 일본은 '내지'라고 불렀습니다. 알아보니까 매일 많은 양의 쌀이 조선이나 타이완(臺灣)으로부터 들어오고 있었습니다. 그쪽에서야 먹든지 못 먹든지 가져오는 것이지요. …… 와 보니 일본인들은 우리 민족, 조선인에 대해 '조선인이 인간인가, 찬밥이 밥인가, 정어리가 생선인가'라고 아무렇지도 않게 말하더군요. 일이라고는 막일뿐이었고, 머물 곳도 공사판 합숙소[飯場]밖에 없었습니다. 공부를 하려고 했습니다만 좀처럼 되지 않았습니다. 비참했습니다. 정말로 비참했습니다. 우리나라에서도 그랬습니다만, 일본에 와 보니 우리 민족의 상황은 비참, 그 자체였습니다.

일본은 조선에 대해 식민지 정책의 일환으로 '황국신민화정책'(皇國臣民化政策)을 폈다. 이것은 조선인의 민족성을 말살해 버리고 외견상으로나 내면적으로나 조선인들의 '일본인화'를 기도한 것이었다. 조선어 사용과 학교에서 조선어 교육이 금지되고 이름도 일본식으로 바꾸는 '창씨개명'이 시행됐다. 또 일본식 신사를 각지에 세워 참배를 강요했다. 이와 함께 5개조로 돼 있는 〈황국신민의 서사(誓詞)〉를 아침저녁으로 제창하도록 했다.

일본에 건너온 조선인들은 언어의 부자유, 생활습관의 차이, 그리고 일본 사회의 심한 차별 속에서 어쩔 수 없이 조선인이라는 것을 숨기고 일본인인 듯 흉내 내며 생활했다.

우리 민족의 상황이 비참했기 때문에 되도록 일본인처럼 보이려고 했습니다. 일본인처럼 보이는 게 지내기 편했지요. 집 한 칸 빌리는 것도 여간 어렵지 않았습니다. 셋방을 마련하려 해도 조선인이면 좀처럼 빌려주지 않았습니다. 척 봐서 조선인인데 조선인이라고 확인까지 되면 좀처럼 빌려주지 않았습니다. 그래서 모두들 일본인처럼 보이는 것을 좋아 했지요.

정씨는 그 시절 재일 조선인의 심정을 위와 같이 말했다.

김영식(金永植) 씨는 1920년 경상남도에서 태어났다. 먼저 혼자서 일본에 건너 간 아버지를 따라 3살 때 어머니와 삼형제가 함께 건너왔다. 처음에는 오카야마(岡山)현에서 살다가, 그 뒤에는 아버지의 일 때문에 오사카로 이주했다. 김씨가 '6~7살 때쯤'이었다. 그는 다카쓰키(高槻)시의 한 초등학교를 졸업했다. 그러나 초등학교 6

학년 때 아버지가 병으로 돌아가, 진학의 꿈을 접을 수밖에 없었다.

김씨는 시내의 신문 판매점에서 숙식을 해결하며 일하기 시작했다. 그 뒤 직장을 옮겨 공원(工員)이 되었다. 1940년에는 당시의 내무성(현재의 건설성) 오사카 토목 출장소 요도가와(淀川) 공사 사무소의 공무원이 되었다. 하천 정비와 항만 정비 등에 종사하다가 종전을 맞았다. 김씨가 스무 살 되던 해였다.

조선 반도의 황국 신민화 파도는 재일 조선인에게도 몰아닥쳤다. 생활 편의상 일본인인 척하지 않으면 안 되는 정도가 아니라 창씨개명의 '통달[通達, 훈령 – 역주]'이 재일 조선인에게도 내려졌다.

"쇼와(昭和) 17년(1942년), 18년 무렵이었지요. 우리도 일본 이름으로 바꾸라는 거예요. 그래서 당시 사용하던 가네다(金田)라는 이름으로 창씨개명 수속을 밟았습니다. 하지만 우리는 어린애였고 어머니도 이런 일은 잘 이해하지 못했던 데다가, 절차는 밟았지만 관청에서도 강력히 지도하지는 않았기 때문에 (조선 이름으로) 그냥 지냈습니다. …… 재일 조선인에게도 창씨개명은 있었지만, 그때까지는 시끄럽게 굴지 않았습니다. 본국에 형제 등이 있는 재일 조선인은 그들과 같이 하면 되지만,

우리처럼 본국에 친척이 아무도 없는 경우엔 이름을 바꾸지 않고 지냈습니다. 일단 서류는 제출하라고 했지만 그냥 지냈습니다. …… 어릴 적부터 '조선'이다 뭐다 많은 일들이 있었고 일본 이름을 붙이든 말든 한국인이라는 사실은 금방 알지 않습니까. 하지만 아버지는 가네다라는 이름으로 지냈습니다…….

당시 일본 정부는 조선인이 '도당(徒黨)을 만드는 것'을 극도로 두려워했다. 사회주의자 혹은 민족주의자인 조선인의 '선동'(煽動)으로 조선인 대중이 집단화하면 식민 통치에 강력히 저항할 것이라는 위기감을 갖고 있었기 때문이었다. 일본 위정자들의 머리에는 1919년 3·1독립운동의 기억이 남아 있었다. 3·1운동에 최초로 불을 붙인 것은 일본에 유학 온 학생들이었다.

당시 경찰에는 조선인을 지도하는 부서가 있었습니다. 또 '교와카이'(協和會)라는 것도 있었는데 조선인으로 구성된 경찰 협력 조직입니다. 경찰이 교와카이에 이렇게 하라, 저렇게 하라 지시했지요. 이런 식으로 매일 (조선인의) 행동을 감시하고 조사했습니다. 그리고 조선인들이 모이는 것을 경계했습니다. 정치에 관심 있는 사람은 특고(特高) 경찰에 끌려갑니다. 교와카이에 여러 가지 지도를 했지요……. 다만 결혼식이나 장례식 등 단순한 모임이 있으면 마을마다 사람들이 모이곤 했습니다. 당시는 다카쓰키 시내에 조선 사람이 적었기 때문에 누가 죽거나 하면 다카쓰키시에 사는 조선인이 전부 모여 장례식을 치렀습니다. 결혼식 때도 다카쓰키 시내의 조선인이 모두 모였습니다. 무언가 큰일이 있으면 모였습니다. 구태여 사상적인 일은 하지 않았지만…….

당시의 일본 사회는 조선인이 조선인으로 사는 것을 전혀 허용하지 않았다. 재일 조선인은 어쩔 수 없이 출신을 숨긴 채 일본인인 척하며 살아갈 수밖에 없었다. 다카쓰키의 재일 조선인도 경찰의 시선을 등 뒤로 느끼면서도 '관혼상제 때는 시내에 살고 있는 조선인이 모두 모여 서로 돕는다'는 연결 고리, 즉 동포 의식을 갖고 있었다. 재일 조선인은 이민족 사회의 혹독한 환경 속에서 이렇게 서로 의지하고 살아가는 조직을 형성하였고 이런 과정을 통해 '재일 조선인 사회'가 만들어졌던 것이다.

식민지 지배의 종결

제2차 대전 패전 뒤 조선에 대한 일본의 식민 지배가 종결됐다. 전쟁이 끝났을 때 일본에는 약 240만 명의 재일 조선인이 살고 있었다고 한다. 일본에 건너 온 지 얼마 안 되는 사람들부터 귀국하기 시작, 1945년 8월 31일부터 1946년 2월 사이에 약 194만 명이 본국으로 돌아갔다.1) 자이니치 사회에는 귀국 대책과 실업 대책 등을 목적으로 하는 민족단체가 자연발생적으로 만들어져, 1945년 10월에는 재일본조선인연맹[朝連]이 결성되기에 이르렀다. 그러나 조선 반도 정세가 유동적이고 불안정한 데다 귀국할 때 가져갈 수 있는 재산이 제한됐기 때문에 귀국을 서두르는 조선인의 발길이 멈칫거리며 약 60만 명의 재일 조선인이 일본 사회에 그대로 남게 되었다.

정경조 씨는 식민지 지배가 끝나 조선이 '해방'됐을 때의 기분을 다음과 같이 말한다.

해방됐을 때의 내 기분과 그때의 상황은 정말 대단한 것이었습니다. 물론이죠. 암, 그렇고말고요. 정말로 기뻤습니다. 마침내 일본 제국주의로부터 해방된 것은 쇠사슬에서 풀려난 것과 마찬가지였습니다. 쇠사슬에서 해방됐다고 그때 곧잘 말했습니다. 모두 기뻐서 이쪽저쪽에서 술, 술을 찾았지요.

시모노세키는 사람들로 꽉 찼어요. 조국에 돌아가려고요. 일본에서 풀려나 우리나라가 독립했다고요. 그래서 돌아가려고요. 그러나 돌아간다고 말하기는 했지만,

돌아갈 수 있는 상황은 아니었습니다. 시모노세키에는 사람이 잔뜩 몰려들었지요. 방금 이야기한 것과 같이 전부 학교도 많이 다니지 못해서……. 현해탄은 파도가 심합니다. 배도 곧잘 뒤집히지요. 학교에 다녀 공부라도 했으면 알았겠지만, 그것도 잘 알지 못했지요. 단지 "해방됐다. 우리나라로 돌아가자"라는 기분이었지요. 모아둔 돈으로 가족을 데리고, 어쨌든 시모노세키로 가보자고, 전부는 아니었지만, 일부의 사람들은 그랬지요. 시모노세키에서 어떻게든 작은 배를 마련해 바다를 건너는 도중에 죽은 사람들도 많았지요. 또 돌아가서 보니 조선은 둘로 나뉜 비참한 상황이더군요. 우리 조국이라 해서 편안하게 살 땅이라고 말할 수 있느냐 하면, 그렇지 않았지요. 식민지가 됐다가 해방을 맞았지만 이제 어떻게 해야 좋을지 알 수 없는 때였고, 조국은 혼란 상태였습니다. 오히려 이쪽(일본)이 익숙하다면서 돌아오는 사람도 있었습니다.

김영식 씨도 식민지 지배가 끝났을 때 사람들의 모습을 다음과 같이 회상한다.

해방감? 있기는 했지요. 제 주변에는 극단적인 박해를 받았다든지, 그런 것은 별로 없었습니다. 식민지 지배를 받고 있다든가 하는 의식도 별로 없었습니다. '아, 전쟁이 끝났구나', 군인들이 전부 머리 숙이고 걷는 모습을 보고, '아, 전쟁에 지면 이런 거구나'라고 생각했지요. 해방감도 있었고, 이젠 어떻게 될까, 이리저리 생각했지요. 다카쓰키 시내의 조선인들에게도 해방감이 넘쳤어요. 아마 지금의 한큐[阪急, 오사카 지역의 철도 가운데 하나―역주] 역 앞이었을 겁니다. 그곳이 예전엔 광장이었지요. 거기에 조선인이 전부 모였습니다. 해방되었다는 기분이었어요. 해방감이 넘쳐 전부 붕, 떠 있었지요. 지금까지 계속 억눌려 왔던 것이 파, 하고 해방된 겁니다. 그때 조선인은 두 부류였습니다. 돌아가려는 사람과 남으려는 사람, 그렇게 두 부류였어요. 돌아가려는 사람은 조선에 부모가 있든지, 형제가 있든지 그랬습니다. 돌아가면 생활이 될 것 같다는 전망이 있는 사람은 전부 귀국했지요. 당시 일본에 남은 사람들은 반신반의하는 상태였지요. 돌아가서 생활이 될 것인가라며 망설이는 사람이 많았습니다.

 1945년, 전쟁이 끝났을 때 일본 본토에서 살고 있던 240만 명의 조선인은 '일본인'으로서 생활하고 있었다. 재일 조선인은 종전 직후부터 모국으로 귀국을 염두에 두고 각지에서 '국어 강습소'를 만들었다. 그러나 조선

반도의 정치 정세가 유동화해 조선인의 일본 정착이 진행되면서 조련(朝連)이 민족학교의 정비 지도에 나서게 됐다.

정경조 씨는 오사카 조련 조직의 결성에 참여했다. 전쟁 동안 오사카 시내에 살고 있던 정씨는, 공습 때 히라카타[枚方, 오사카부 안의 한 지역—역주]시에 소개됐다. 종전은 그곳에서 맞았다. 히라카타시, 네야가와(寝屋川)시, 모리구치(守口)시, 그리고 현재의 오사카시 북부를 포함한 지역을 묶어 조련의 기타가와치(北河內) 지부가 결성되었다. 정씨는 그 기타가와치 지부의 문화부장에 선출되었다.

오사카부 안의 각지에 '조선인 학교'가 만들어졌다. 정씨는 히가시오사카(東大阪)시와 후세(布施)에 있던 조선인 학교의 교원으로 종사하게 되었다.

조선 어린이들을 일본인 학교에 보내서는 안 되었지요. 가까스로 해방되었는데요. 공민관을 빌리거나 커다란 집을 빌리거나 해서 어떻게든 조선인들을 모았습니다. 교과서는 물론 없었습니다. 선생이라고 불리는 사람도 사범학교를 나온 것이 아니었지요. 아동심리학을 배운 것도 아니었고, 체육, 음악도…….

그러나 먼저 글자와 말부터 가르치자며 학교 수업이

시작됐습니다. 나중에 교과서가 만들어지기는 했습니다만. …… 나는 해방된 다음날부터 후세의 학교에 갔습니다. 교육 투쟁2) 때 전태일(全太一)이 총에 맞아 죽는 사건이 벌어져 후세(布施)의 학교가 폐쇄될 때까지요. 기타가와치(北河內)에 살고 있었습니다만, 그 쪽에서 사람이 부족해서 와 달라고 해서 갔습니다. 후세에는 큰 학교가 있었습니다. 거기에는 동포들도 많았지요. 수백 명이 있었습니다.

이러한 조선인 학교에서는 빼앗긴 언어나 역사, 문화를 되찾는 것, 즉 '민족성의 회복'을 교육의 목표로 삼았다. '조국을 되찾고 역사를 되찾고 문화를 되찾은 조선민족으로서, 스스로의 교육기관을 갖추고, 조선의 교육을 조선의 어린이에게 실시하는 것은 너무나 자연스럽고 당연한 것'3)이었다.

우리의 교육 내용은 민족성의 주입이었습니다. 그땐 아직 제대로 된 교과서가 만들어지지 않았습니다. 연맹 시대였으니까요. 어쨌든 어린이들에게 말과 글을 가르치면서, 우리가 일본에 살고 있지만 어디에 살고 있어도 조선인으로서 살지 않으면 안 된다, 이것이 가장 중요하다고 강조했지요. 민족성의 견지, 풍부한 인간성, 부모를 소중히 여기는 것, 그리고 지리나 역사 등을 가르쳤습니다. 교원 자격은 없었지만 아는 만큼 힘껏 역사를 가르쳤지요. 우리는 4천 년의 유구한 역사를 가지고 있는 우수한 민족이라고. 고려 등은 세계에서도 존경받는 나라였다는 것, 일본의 문화도 그쪽(조선)에서 들어왔다는 것 등, 한마디로 말해 어린이들에게 민족의 우수성을 알리고 민족성을 심는 것이었습니다.

그러나 재일 조선인 교육의 마당[場]은 연합국총사령부(GHQ)와 일본 정부에게 탐탁지 않은 존재가 되었다. 조선인의 정주(定住)화가 '기정사실화'하는 가운데 아이들 교육도 '귀국을 위한' 잠정적인 것에서 '정주'를 염두에 둔 본격적인 것으로 바뀌어 나가지 않을 수 없었다. 조련도 이러한 요망에 응해 학교정비에 본격적인 힘을 쏟았다.

1946년 10월에는 도쿄에 최초로 중학교가 설립됐다. 1947년 4월에는 설립 학교 수가 503개교를 헤아리게 됐으며 학생 수는 6만 명을 넘었다.4) 당시 조련의 중심 세력은 사회주의자와 민족주의자였다. 냉전이 진행되는 가운데 처음에는 '방임' 자세를 취했던 GHQ는 이처럼 조선인 학교 설립이 확대되는 것을 간과할 수 없는 사태로 여겼다. GHQ는 차츰 조선인 학교에 대한 자세를 '방임'

에서 '관리'로, 그리고 '억압'으로 전환하고 있었다.

1948년 1월 24일 문부성 학교교육국장은 각 도도부현[都道府縣, 광역자치단체로 우리나라의 시·도에 해당—역주] 지사 앞으로 훈령을 내려 '조선인 자제는 일본 학교에 분산 입학시키는 것을 원칙으로 하며 사립학교의 설립은 학교교육법에 의거하고 교육 용어는 일본어로 하며 문부성 검정 교과서를 사용하라'고 지시했다. 이에 따라 3월에는 각 도도부현에서 조선인 학교 폐쇄 명령이 내려졌다.

민족교육에 대한 억압으로 긴 식민지 지배를 경험한 재일 조선인에게는 식민지 지배가 다시 온 듯했다. 문부성 훈령으로부터 3일 뒤인 1월 27일 조련의 제13회 중앙위원회가 열려, 다음과 같이 확인했다.

> 빼앗긴 우리들의 문화를 되찾고, 조국을 모르고 모국어를 모르는 조선인 어린이에게 조선의 모든 교육과 조선 건설에 기여하는 긴급하고도 중대한 교육을 실시하는 것은 그 무엇보다도 큰 우리들의 사명이다.5)

이처럼 '민족교육의 목적과 사명'의 중요성을 확인하는 한편 일본 정부에 대해서는 '조선 학교의 교육 용어는 조선어로 한다'고 요구하기로 결정했다. 그러나 GHQ와 일본 정부는 조련의 이런 요구를 거부했다. 조선 학교의 폐쇄 명령은 각지에서 실행에 옮겨지기 시작했다. 이에 대항하여 각지에서 재일 조선인들은 격렬하게 저항운동을 벌였으며, 1947년에는 오사카, 고베(神戶)에서 이른바 '한신교육사건'이 발생했다.

4월 13일 오사카에서는 조선인 학교 70개교 가운데 19개교에 대해서 폐쇄 명령이 내려졌다. 조선인 학교에 자녀를 보내는 부모들은 '명령'의 철회를 요구했다. 또 4월 17일에는 오사카부 안 조선인 학교 교장 회의가 열려 '폐쇄 명령의 즉시 철회', '조선인 민족교육의 자주성 인정' 등 8개 항목을 결의하고 서명운동을 시작했다. 다음날 18일에는 조련 오사카부 본부 집행위원회가 열려, 마침 간사이 에 온 아시다 히토시(芦田均) 총리에게 학교 폐쇄 명령의 철회를 요청했다. 그리고 4월 23일에는 오사카 부청(府廳) 앞 광장인 오테마에(大手前) 공원에서 3만 명이 넘는 대규모 '조선인 학교 폐쇄 반대' 집회가 열렸다. 여기서 대표가 부지사(副知事)와 교섭했지만 상황은 호전되지 않았다.

오사카부 경찰은 기동대 3,200여 명을 동원해 오후 6시 일제히 집회 참가자에 대한 해산과 검거 작전을 폈다. 그 결과 수백 명이 부상하고, 200명 넘게 검거되는 사태가 벌어졌다. 어떤 교사는 이날의 모습을 다음과 같이 기록했다.

> 부당한 폐쇄 명령에 분개한 동포들은 남녀노소를 막론하고 이쿠노(生野), 조토(城東), 후세 등 각지에서 먼저 인민 대회를 열어 지사에게 보내는 결의문을 채택하고 교섭 의원들을 뽑은 다음 부청(府廳)앞 광장에 모였다. 어린 학생들마저 입술을 깨물며 '우리 학교를 지키자'는 결의를 품고 왔다. 오후 2시쯤에는 참가자 수가 약 1만 명이라고 보고되었다. …… '교육자의 처지에서 학생들의 생명을 지키려고 하는 것이 얼마나 당연한 행동인지 이 사람들은 이해할 수 없단 말인가.' 그들은 우리들을 폭도로 여기고 자신들만이 민주주의자라면서 법을 말하고 있지만, 그 일본 민주주의의 진면목을 전 세계에 보여주고 싶을 뿐이었다. 포위된 채 밤 10시가 넘도록 동포들은 자신들의 민족교육의 마당[場]을 빼앗기지 않으려는 싸움을 했다.6)

26일 오후 '학교 폐쇄 반대 인민 대회'가 다시 열렸다. 조선인 대표와 지사의 교섭이 진행되는 동안 공원에서 열린 집회의 참가자들에 대해서는 오후 4시쯤 경찰이 소방차로 물을 뿌려대기 시작했다. 그러고는 수천 명의 경찰 병력이 대회장을 완전히 포위한 채 충격을 가했다. 그 결과 16세의 소년이 총에 맞아 죽고 8명이 중상을 입는 사태가 발생했다.

고베에서는 4월 10일, 효고현에서 조선인 학교 폐쇄 명령이 내려졌다. 이를 받아 고베시는 11일 조선인 학교를 폐쇄하라고 통지했다. 이에 대해 조선인 측은 '민족교육의 자주성 존중', '계속적인 교사(校舍) 사용' 등의 요구를 내걸고 교섭을 벌였다. 그러나 4월 23일 시 당국은 가처분을 단행했다. 그 처분에 대해서 다음날인 24일 조선인 측은 수천 명이 현청을 둘러싸고 지사와 집단 교섭을 벌여 폐쇄 명령의 철회를 확인했다. 지사는 (폐쇄 명령의 철회를) 전면 수용하겠다고 문서로 확인했다. 그러나 그 직후 GHQ는 계엄령을 발동하고 지사의 '폐쇄 명령 철회는 무효'라면서 조선인에 대한 일제 검거를 강행했다. 그 결과 1천 수백 명의 조선인이 체포됐으며 이 가운데 6명의 조선인과 1명의 일본인은 군사재판에 회부돼 중노동 10년 이상의 형을 받았다. 그리고 4월 30일, 고베의 조선인 학교가 폐쇄되고 말았다.

조련은 '한신교육사건'에 대해 다음과 같이 기자회견을 가졌다.

학교 폐쇄 명령은 재일 조선인이 해방 뒤 3년여 동안 갖가지 어려운 조건을 극복하면서 쌓아 올린 자주적 교육 활동의 엄연한 사실을 무시하고 하루아침에 그것을 말살하려는 조치다. 이러한 도발적인 탄압 조치를 내린 포학(暴虐)은 필설로 이루다 형언하기 어렵다. 이는 재일 60만 동포와 본국의 3천만 전 민족의 분격은 물론, 평화와 평등을 희망하는 전 세계 인민의 규탄을 받게 될 것이다. 이런 폭압에 대해 재일 60만 동포가 어떻게 침묵할 수 있는가 ! 7)

또 7월 26일부터 28일까지 개최된 중앙위원회에서 조련은 '한신교육투쟁'의 정당성에 대해서 다음과 같이 밝혔다.

해방 민족으로서 조선이, 일본에 살면서 …… 조선어를 이해하지 못하는 조선 어린이를 참 조선 어린이로, □□□□□□[저자는 인용 원문의 글자가 불명확해 공란으로 비워뒀다ー역주] 건설에 이바지하도록 하기 위해 학교를 경영하면서 조선어로 우리말, 우리 역사, 우리들의 전통, 우리들의 풍습 등을 교육해 왔다. 그런데 일본 정부가 돌연 우리의 교육을 금지하고 '이제부터는 일본의 법률에 따라 일본어로 일본 교육을 하지 않으면 안 된다', '조선 교육이 필요하다면 과외 시간 혹은 가정에서 가르치는 것은 금하지 않는다', '만일 이 명령을 위반하면, 학교를 패쇄하고 학부형을 교육법에 의거해 처벌한다'고 일방적으로 강요하고 있다. …… 조국 조선 침략 뒤의 착취와 노예화의 긴 역사 속에서 특별히 말해 두지 않으면 안 되는 인류 역사상의 죄악은 우민 정책이었고, 동화 정책이었다. 그들은 군화로 조선을 짓밟고, 총검으로 언론·출판·결사의 자유를 박탈했으며, 역사와 전통을 없애고 조선 교육을 강제로 금지시켜 노예 교육을 강요함으로써 문화와 아름다운 풍습을 빼앗고, 마지막으로는 우리들의 말과 조선인의 정신마저 빼앗으려 했다. …… 우리에게 촌각을 다투는 긴급한 과제는 민족 문화의 급속한 건설이다. 왜 그러한가. 문화는 민족의 생존을 표현하는 것으로, 문화가 없는 민족에게는 멸망이 있을 뿐이기 때문이다.[8]

문부성은 그러나 각서[1948년 4월 24일 효고현 지사와 집단으로 체결한 각서－역주]가 교환된 같은 달 '조선어 민족과목은 선택과목으로 하거나 과외 시간에 할 것' 등을 포함한 '조선인 학교에 관한 문제에 대해서'라는 훈령을 내렸다.

1949년 4월 '단체등규정령'(團體等規正令)이 제정됐다. 이 규정령에 따라 조련은 9월 8일 재일본조선민주청년동맹과 함께 강제 해산된다. 이어서 10월 19일 각지의 조선 학교 337개교(초등학교 309개교, 중학교 20개교, 각종 학교 8개교)에 대해 일제히 패쇄 통고가 내려졌다. 이 가운데 92개교는 조련 직영 학교라는 이유로 강제 패쇄되었다.

조선에 대한 식민지 지배의 종결은 재일 조선인에게 '해방'을 가져다 줘야 했을 것이다. 재일 조선인은 '해방 국민'으로서 질곡에서 벗어나, 누구나 자기주장과 자기표현을 할 수 있다고 생각하고 있었다. 그러나 현실은 그렇지 않았다. 압도적인 권력을 행사함으로써 재일 조선인이 조선인으로 살려는 것을 부정하며 기본적인 권리를 빼앗으려는 움직임은 패전 뒤에도 계속됐다.

2. 저항 수단으로서의 '민족'

공립 조선인 학교 폐지와 사립 이관 문제(1952~1965년)

　1951년 9월 '샌프란시스코 강화조약'이 조인돼 다음 해인 1952년에 발효되었다. 일본의 상황이 '점령'에서 '독립'으로 바뀌면서 재일 조선인의 법적 지위는 '일본 국적을 가진 일본 국민'에서 '외국인'으로 변경되었다. 이때 재일 조선인에게는 국적 선택의 권리가 주어지지 않았다.

　강화조약 제2장 제2조에는 '일본국은 조선의 독립을 승인하며, 제주도, 거문도 및 울릉도를 포함하는 조선에 대한 모든 권리, 권원[權原, 어떤 행위를 정당화시키는 법률상의 원인－역주] 및 청구권을 포기한다'고 규정돼 있다. 그러나 이것은 조선반도를 대표하는 정부를 명기한 것이 아니었으며 재일 조선인의 국적과 처우에 관해서도 무엇 하나 언급하지 않았다. 일본 정부는 재일 조선인의 법적지위를 명확히 하지 않은 채 국내법을 개정, 재일 조선인을 '일본 국적을 이탈하는 자'로 새로이 규정하는 데 머물렀다. 재일 조선인은 출입국관리령(1951년 공표)과 외국인등록법(1952년 공표)으로 그때까지의 역사적 경위가 고려되지 않은 채 '일반 외국인'으로 다루어지게 되었다.

'일본 국적을 가진 일본 국민'에서 '외국인'으로 바뀐 재일 조선인의 입지는 재일동포 어린이들의 교육 환경에도 큰 영향을 미쳤다. 일본 정부는 먼저 재일 조선인이 일본 국적을 보유하고 있던 시대의 '취학의무제' 적용을 폐지하고, 대신 '은혜'로 일본 학교에 다닐 수 있는 '취학허가제'를 채택했다. 그리고 공립 조선인 학교를 폐지하는 한편 조선인 학교의 자주적인 발전을 가로막는 엄격한 장애물을 설치했다.

1949년 조선인 학교 폐쇄 뒤 재일 조선인의 민족교육은 세 개의 형태로 분화되었다.

첫 번째는 재일 조선인이 자주적으로 운영하는 '자주학교', 두 번째는 일본의 공립학교에 재일 조선인 자녀를 수용해, 분교 형식으로 운영하는 '공립 분교'(公立分校), 그리고 세 번째는 일본의 공립학교 안에서 특별 수업을 실시하는 '민족학급'이었다. 1949년의 폐쇄령을 거쳐 1952년 4월에는 공립 분교와 민족학급을 포함해 재일 조선인 교육을 행하는 학교는 172개교로 갑자기 줄어들었다.

1950년 6월 25일 발발한 한국전쟁이 진행 중이었던 이 시기, 재일 조선인 교육에서 특별히 언급해 두어야 할 것으로 공립 조선인학교의 존재를 들 수 있다.

도쿄도(都) 교육위원회는 조선인 학교 폐쇄 이후 '잠정적 조치'로 도내 15개교였던 조선인 학교의 '도립(都立) 이관'을 단행했다. 1949년 12월 20일, '도쿄 도립 조선인 학교 설치에 관한 규칙'이 정해져 '도립 조선인 학교'가 공식 발족되었다. '도쿄 도립 조선인 학교'는 재일 조선인 교육 역사뿐만 아니라 일본의 학교 교육 역사에서도 외국인 학교가 공립학교로서 운영된 극히 드문 예이다. 여기서 조선인 민족교육이 실제로 전개되었다.

한국전쟁 중이었던 1951년 1월, 재일 조선인 사회에서 구심력을 가진 조직으로서, 조련을 대신해 '재일조선통일민주전선'[民戰]이 결성되었다.

민전은 '조국 통일 사업에 전력을 기울이는 것과 더불어, 일본 공산당 민족 대책부의 지도를 받아 일본 국내의 반동 정권을 일본인과 공동으로 타도함'으로써 재일 조선인의 권리 보장과 조국 통일의 길이 열린다고 생각한 조직이었다.

도립 조선인 학교의 교육 활동은 일본 정부의 의도와는 전혀 다른 것이었다. 정부는 도립 조선인 학교의 교육을, 민전이 지도하는 '혁명 운동의 일환'으로 받아들였다. 도립 조선인 학교에서는 민전의 방침인 '반일 공산주의 교육'이 이뤄지고 있으며 반정부 데모가 조직되었고, 일본 사회 질서를 어지럽히는 교육 활동이 진행되고 있다고 보았다. 정부는 도립 조선인 학교가 일본의 공립학교이면서도 일본의 법령을 무시하고, 정치 교육을 실시하는 문제가 있다고 보았다.9) 일본 교육행정 쪽에서 볼 때 도립 조선인 학교는 재일 조선인의 민족교육을 상징하는 '짐 같은 존재'였다. 정부는 도립 조선인 학교를 치안 대책의 대상으로 삼아 끊임없이 단속했다. 샌프란시스코 강화조약 시행으로 재일 조선인을 '일반 외국인'으로 처우하게 되자 이들에게 도립 조선인 학교의 '폐지'는 긴급 과제로 떠올랐다.

민전은 강령에서 '우리는 민족문화를 위한 교육의 자주성을 확보하는 데 전력을 다한다'라고 주창하면서 그 교육 목적은 '재일 조선 아동 10만을 조선민주주의인민공화국(북한)의 충실한 자녀'10)로 길러내는 데 있다고 규정했다. 결성 대회에서 채택된 문서 〈재일 전동포(全同胞)에게 고함〉에서 일본 정부의 도립 조선인 학교 폐지 움직임에 대해 '그들은 또 다시 우리의 민족 자주 교육을 파괴하고 있다. 우리는 모든 어려움과 탄압을 이겨내 민족교육을 사수하지 않으면 안 된다. 많은 난관과 가혹한 희생을 각오하지 않으면 안 된다'고 하면서 일본 정부를 비판했다.

도쿄도(都) 교육위원회는 일본 정부의 뜻을 받아들여

1954년 10월 PTA[Parent Teacher Association, 사친회―역 주] 연합회 앞으로 '도립 조선인 학교는 쇼와(昭和) 30년 (1955년) 3월 31일을 기한으로 폐교한다'고 통고했다. 이에 대해 재일 조선 아동의 부모, 교사 그리고 일본인 교사는 '폐교반대' 운동을 일으켰다.

이 시기 '민전'과 연대해, 재일 조선인 운동을 벌이고 있던 비합법 단체 '조국방위전국위원회'의 기관지였던 《신조선》11)은 도립 조선인 학교 폐교 반대 운동의 모습을 다음과 같이 보도하고 있다.

반동 요시다 내각은 재일 조선인의 자주적인 민주 민족교육을 폭력으로 금지한 뒤 민족교육을 말살하기 위한 모든 간책(奸策)을 꾸미고 있다. 현재 취학 연령 아동의 약 50퍼센트가 취학하지 못하고 있다. …… 민주 민족문화는 짓밟히고 있다. 또 조국 조선이나 소련, 중국과 교류가 허용되지 않고 있으며 새로운 문화를 흡수하는 길도 열리지 않고 있다. …… 재일 조선인의 단결권·언론·출판·집회·결사의 자유 등 기본적 인권도 유린되고 있다. 재일조선인연맹, 재일조선민주청년동맹을 불법으로 해산시키고 그 재산을 몰수했으며 조선인의 모든 집회와 결사에 불법적인 탄압을 가하고 있다.12)

도쿄에서 사립화 반대 투쟁은 단순한 국부적 투쟁이 아

니다. 미·일(美日) 반동의 민족교육 말살 정책에 반대해 평화와 독립과 자유를 지키려는 투쟁이다. …… 재일 동포의 전국적인 조방[祖防, 조국방위 – 역주]과 결합하는 투쟁이다.[13]

그러나 이러한 반대 운동에도 불구하고 도립 조선인 학교는 1955년 3월 31일 폐교되었다. 일본의 학교 교육 역사상 드문 사례를 남긴 공립 조선인 학교는 5년이라는 짧은 역사로 이렇게 막을 내렸다.

일한(한일)조약과 '외국인 학교 법안'(1965년)

1965년 6월 23일 일한(한일)조약이 체결되었다. 조약 가운데 '재일 한국인의 법적 지위 및 대우에 관한 협정'에는 협정에 따른 일본 측의 특별법에 따라 시한부로 (1965년 1월부터 5년 동안), 본인이 신청하면 일본에서 영주 자격이 주어지도록 규정됐다. 이 자격은 일반적으로 '협정 영주'로 불렸다.

'협정 영주자'는 1969년에 10만 명, 74년에 34만 2,000명, 85년 35만 명을 헤아렸다.[14] 이 조치로 지금까지 똑같은 자격으로 일본에 재류하고 있던 재일 조선인이 협정 영주자(한국적)와, 그렇지 않은 자(대부분이 조선적)로 크게 나뉘게 되었다. 그리하여 이것은 한국 정부 지지층과 북한(북조선) 정부 지지층의 대립이라는, 재일 조선인 사회 내부의 '남북 분단' 상황을 고착화하는 결과를 낳았다.

'법적 지위 협정'의 실시에 즈음하여 '재일 조선인의 교육문제'에 관한 행정적 조치가 양국 사이에서 결정되었다. 그 결정에 따라 문부성은 1965년 12월 28일 두 건의 문부성 사무차관 훈령을 냈다. 그것은 '조선인만을 수용하는 교육시설의 처리에 관해서'와 '일본국에 거주하는 대한민국 국민의 법적 지위 및 대우에 관한 일본국과 대한민국 사이의 협정을 통한 교육 관계 사항의 실시에 관하여'이다.

이 훈령은 한일조약 뒤 일본 정부의 재일 조선인 교육에 대한 자세를 여실히 나타내는 것이었다. '조선인만을 수용하는 교육 시설의 처리에 관해서'에서는 제2항에 '조선인만을 수용하는 사립 교육 시설의 취급에 대해서'를 마련했다. 훈령은 ① 조선인 학교에 대해서는 학교 교육법 제1조에 규정하는 학교의 목적에 비추어, 이것을 학교 교육법 제1조의 학교로서 인가할 수 없다, ② 조선인의 민족성과 국민성을 함양하는 것을 목적으로 하는 조선인학교는 우리나라 사회에서 '각종 학교'[초등학교, 중학교, 고등학교, 대학교, 고등전문학교, 맹학교, 농학교, 양호학교, 유치원을 제외한, 학교 교육과 비슷한 교육을 행하는 시설의 총칭. 요리, 미용, 어학에 관한 것들이 있다-역주]의 지위를 부여할 만한 적극적 의의를 가진 것으로 인정할 수 없기에 이것을 각종 학교로 인가할 수 없다. 또 같은 이유로 이런 종류의 조선인 학교 설치를 목적으로 하는 준(準)학교 법인의 설립도 인가할 수 없다고 규정했다. 조선인 학교를 학교로서 인가하지 않는 것은 물론 각종 학교로서도 인가하지 않을 것이라는 방침을 명확하게 내세운 것이다.

또 '일본국에 거주하는 대한민국 국민의 법적 지위 및 대우에 관한 일본국과 대한민국 사이의 협정을 통한 교육 관계 사항의 실시에 관하여'에서 일본 정부는 이른바 '협정 영주자'에 대해 '일본국에서 교육에 관한 사항에 대해 …… 타당한 고려를 해야 할 대상'이라면서 '영주가 허가된 자가 일본국 공공의 초등학교 또는 중학교 입학을 희망하는 경우에는 그 입학이 인정되도록 필요한 조치를 취하며, 일본국의 중학교를 졸업한 경우에는 일본국의 상급 학교에 입학자격을 인정'하도록 정했다.

또 '협정 영주 자격'을 가지고 있지 않은 어린이, 즉 그 대부분이 조선적(朝鮮籍)인 어린이나 '영주가 허가된 자 이외의 조선인에 대해서도 우리나라[일본] 공립 초등학교 또는 중학교에서 교육 받기를 희망하는 경우에는' 똑같이 취급하도록 했다. 그리하여 일본 학교에 다니는 재일 조선인 자녀의 교육에 관하여 '일본인 자녀와 똑같이 취급하며 교육과정의 편성과 실시에 대해 특별 취급을 하지 않을 것'이라고 규정했다.

이렇게 해서 일본 학교에 다니는 재일 조선인 어린이들에 대해 '일본인과 구별하지 않는 교육'이라는 원칙이 확정돼 지금까지 적용되고 있다. 또 '조선인의 민족성과 국민성을 함양하는 것을 목적으로 하는 교육'은 일절 인정하지 않는다는 일본 정부의 자세와 방침이 확립됐다.

일본 정부의 재일 조선인 교육 방침에 대해 주로 조선인 학교를 운영하거나 지지하는 사람들에게서 강력한 항의의 목소리가 터져 나왔다.

'한일회담'의, 이른바 현안 문제 가(假)조인이 이뤄진 다음부터 재일 조선인의 민주주의적 민족교육에 대한 차별과 탄압 정책이 한층 심해지고 있다. 4월 3일에는 일본 문부성 안에 '재일 외국인 교육 연락회'가 설치되었다. 이는 재일 외국인의 교육 실태를 모든 면에서 조사, 검토하기 위해 설치된 것으로 전해진다. 이것은 분명 재일 조선인의 민주주의적 민족교육에 대한 탄압을 기도한 것이다. …… 일본 당국은 지금까지 재일 조선인의 민주주의적 민족교육에 다양한 압력을 가해 왔다. 일본 당국이 민주주의적 민족교육에 압력을 가하는 목적은 ① 재일 조선인의 민족적 단결을 파괴하고, ② 일본의 교육으로 재일 조선인 자녀의 ‘동화’를 강제해, 민족의식을 잃게 함으로써 일본 독점자본의 조선 재침략에 편리한, 줏대 없는 인간을 만드는 데 있다. …… 재일 조선인의 민주주의적 민족교육은 자녀들이 훌륭하게 국어로 말하고 읽고 쓰게 해, 독립국가의 공민으로서 강한 자각과 긍지를 가진, 조국과 민족을 열렬히 사랑하는 인간으로 길러내는 것을 목표로 하고 있다.[15]

일본 정부의 조선인 학교에 대한 처우에 강한 항의의 목소리로, 조선인 학교의 각종 학교 인가 움직임이 곳곳에서 일어났다. (문부성 사무차관의 훈령에도 불구하고) 학교 교육법상, 각종 학교의 인가권은 각 도도부현(都道府縣) 지사에 있었기 때문이다. 그래서 1965년 12월부터 1966년 4월에 걸쳐, 30여 개 조선인 학교가 각종 학교로 도도부현 지사에게 인가를 받았다.

조선인 학교를 처우하는 데 '지방자치단체의 자주성이 높아진 것은, 당연하면서도 정부의 뜻과는 다른 사태였다. 이에 일본 정부는 각종 학교의 인가와 지도 권한을 각 도도부현 지사에게 두었던 현행법에서 조선인 학교를 분리해, 정부의 직접적 일원적 통할 아래 둘 것을 목적으로 한 ‘외국인 학교 제도’ 창설을 기도했다. 일본 정부는

1966년 통상(정기)국회에 '학교교육법 일부 개정안'을 상정하겠다고 밝혔다.

이 '외국인 학교 법안'은 외국인 학교 교육이 '우리나라[일본]의 이익과 안전에 해가 되는 것이어서는 안 된다'라면서 '이 인가 조건에 합치하지 않는 경우, …… 학교 폐쇄명령을 내릴 수 있다'고 규정했다. 즉 조선인 학교의 생사여탈 권한은 일본 정부에 있었다.

이런 움직임에 대해 재일 조선인 측은 '민족교육 권리의 침해'라면서 격렬한 항의와 반대에 나섰다. 조련, 민전에 이어 1955년 결성된 재일본조선인총연합회(조총련)를 비롯해 1968년에는 재일한국청년동맹, 재일한국학생동맹 등 정치적 처지가 서로 다른 재일 조선인 단체도 독자적인 반대 운동을 조직해, '한국 국민'의 처지에서 항의했다. 또 국제교원조합연맹, 국제학생연맹 등 국제 단체도 (일본) 정부에 항의 성명을 보냈으며 많은 일본인 학자·문화인도 반대 의사를 표명했다. 또 각지의 지방자치단체와 지방자치의회도 나서는 등 대규모 반대 운동이 전개되었다.

조선인 학교에서는 모국어 교육을 중시해, 모국어로 조국의 역사와 지리, 그리고 일반과목을 가르치고 있다. 일본어도 정규과목으로 넣어 상당한 시간을 할애하고 있다. 조국의 말을 하고, 모국어로 사물에 대해 생각하며, 조국의 과거와 현재를 잘 알고 풍부한 민족적 소양을 몸에 익혀, 조국과 민족을 열렬히 사랑해 그 발전에 책임을 지는 인간으로, 조국의 평화적 통일을 염원하고 그에 이바지하며 동시에 세계의 사람들과, 특히 일본 국민과도 사이좋게 지내는 인간으로 교육시킨다. …… 재일 조선인 자녀를 조국과 민족의 장래를 책임지는 훌륭한 조선인으로 길러 내기 위한 민주주의적 민족교육은, 단지 우리 조선인만이 할 수 있는 일이며 누구에게도 양보할 수 없는 민주주의적 민족권리이다. …… 일본의 학교에서 이른바 '차별하지 않는 교육'을 받은 조선인 학생이 모국어도, 자기 나라의 역사와 지리도 모르고 민족 허무주의와 사대주의에 빠져 내일의 희망을 잃어버리고 있는 현실이 이런 점을 분명히 말해주고 있다. …… 일본 학교에 다니고 있는 조선인 학생은, 이른바 '차별'하지 않는다는 동화교육을 받음으로써 조국과 민족을 잃어버리고, 민족 허무주의와 사대주의에 빠져 조선을 원망하고, 부모를 원망하고, 자신을 원망하고, 결국은 주체를 잃어버려 '국적 없는 인간'으로 전락한다. …… 재일 조선인 어린이와 학생의 생명과 인권을 지켜 독립국가 공민으로서 민족적 긍지와 자각을 굳건히 해 훌륭한 조선인으로 성장하도록 모든 편의를 제공

해야만 한다.16)

그때 재일 조선인의 민족교육이 추구했던 것은 '조선어를 할 줄 아는 조선인이 되는 것, 조국의 과거와 현재를 잘 알고 조국의 발전에 책임을 지며, 일본 사회에서 훌륭하게 생활하는 한편 조국에 돌아가면 조국의 건설에 도움이 될 수 있는 인간이 되는'17) 교육이었다.

반대 운동의 결과 '외국인 학교 법안'은 1966년 국회에 상정되지 않아 폐기됐으며 1967년, 1968년, 1971년, 1972년에도 상정되었지만 모두 안건폐기로 종료되었다.

오늘에 이르기까지 재일 조선인 교육의 역사는 일본 사회가 가하는 동화 압력에 대한 '저항의 역사'였다고 말할 수 있을 것이다. '우리 재일 조선인'이라는 '동족 의식'을 나타내는 말과 표현은 권력에 대한 반작용으로 점점 강화됐으며 자이니치라는 범주의 경계를 자연스럽게 본질적으로 만들었다. 그리하여 재일 조선인의 정체성을 나타내는 말과 표현에는 '빼앗긴 문화의 회복', '민족적 자각과 긍지', '조국과의 연대감'과 같은 것들이 주요 내용으로 자리잡았다.

정경조 씨는 현재 민족단체의 고문을 맡고 있다. 사회활동 일선에서 물러나 후진들과 상담하는 일을 하고 있다.

전쟁이 끝나면서 식민지 지배도 끝났지요. 일단 해방이 돼 민족학교가 세워졌지만 탄압을 받았고 조련도 마찬가지였습니다. 재일 조선인에 대한 처우라는 게 전쟁이 끝났다고 해도 형편없었지요. 죽 계속되었습니다. 지금까지도 차별이 계속되고 있습니다. 우리들 조선인에 대해서는 동화 정책을 사용하고 있습니다. 경찰과 구청에서도 직접 말하지 않지만 동화 정책을 사용하고 있습니다. 따라서 조선인은 그런 정책에 따르는 자와 어떤 상황 아래서도 따르지 않는 자, 이렇게 양쪽으로 나뉘어졌습니다.

정씨는 젊은 재일동포들의 민족성이 점차로 엷어져 일본 사회에 동화되어 가는 경향이 강해지는 데 대해 위기감을 갖고 있다.

가능하다면 민족학교에 가면 좋겠습니다. 가능하다면 말이죠. …… 민족성이 엷어지는 것은 어쩔 수 없지만요. 가능하다면 동화되는 동포가 없어야 할 텐데. 가능하면 젊은이들에게 민족성을 심고 싶습니다. 일본인이 되어서는 안 됩니다. 일본에 살고 있기 때문에 일본 사람들과 사이좋게 지내는 것과 일본인이 되는 것은 다릅니다. 훌륭한 조선인으로 살지 않으면 안 됩니다. 일본

이든 중국이든 어디든지 간에 말이죠. 자신의 나라를 자신의 힘으로 일궈 나가지 않으면 안 된다고 어린이들을 가르쳐야 합니다. 동화되는 것은 어쩔 수 없지만 되도록 그것을 막지 않으면 안 됩니다. 이것을 우리들이 하지 않으면 안 되지요. 가장 먼저 해야 할 일이 이것입니다. 단지, 밥만 먹고 살아서는 안 된다고 나이 든 사람들이 말하곤 합니다. 아이들의 마음속에 무언가를 심어 주지 않으면 안 됩니다. 우리 아이들이기 때문에…….

김영식 씨는 1974년부터 10년 정도 정씨와 서로 다른 민족단체의 지부장을 지냈으며 현재는 고문을 맡고 있다. 김씨는 일본에 건너온 뒤 1965년에 처음으로 모국인 한국을 방문했다. 그때의 기분을 김씨는 다음과 같이 말한다.

감개무량했지요. 비행기 트랩을 내려, 땅을 밟았을 때의 기분은 정말 말로 표현할 수 없을 정도였습니다. 일본에는 제가 살고 있는 집이 있지만 어쩐지 경계심이 들지요. 무엇인지 모르는 경계심이 있습니다. 하지만 한국에 가니까 무언가 와, 하고 해방감이 들더군요. 피는 역시 다르더군요. …… 빌린 집에 들어간 것과 자기 집에 들어간 느낌의 차이라고나 할까. 일본에서는 빌린 집에 들어가는 것 같습니다. 한국에 가니 내 집에 돌아온 것과 같은 기분이 들었습니다. 안심이 되더군요. 여기(일본)에 있으면 어딘가 모르게 긴장감이 듭니다. 일본에 온 지 70년이 지났지만 아직도 타국이라는 느낌을 아직도 갖고 있습니다.

김씨도 역시 최근 젊은 세대의 민족성이 엷어지고 있는 것에 대해 일말의 씁쓸함을 느끼고 있는 것 같다.

역시 어느 나라에 살고 있어도 민족은 민족입니다. 민족의식이 없으면 살 수 없지요. 한국인이 일본에 와서 일본인이 되려고 해도 될 수 없습니다. 그렇지 않습니까. 역시 자신의 조국은 조국, 민족은 민족이지요. 이건 누가 말해도 변할 수 없습니다. 민족은 자신만의 것이 아닙니다. 말도 공부할 것은 공부하고, 어디에 있든지 자기 민족을 확실하게 의식하지 않으면 안 됩니다.

1세들에게 '민족'이란 자명하고 본질적인 것임과 동시에, 일본 사회의 압력으로부터 자신을 방위하고 또 그 압력에 저항하기 위한 수단이었다. 재일 조선인의 민족성 형성 과정을 볼 때 거기에는 민족성의 원초적 객관적인 본질주의와 도구적 주관적인 비본질주의가 동시에 구사되어 있음을 알 수 있다.

재일 조선인은 식민지 시대는 물론 그 이후에도 일본 사회로부터 항상 멸시와 억압을 받아 왔다고 할 수 있다. 조선인은 열등한 민족으로 다루어져 국적은 일본이면서도 '이등 국민'으로서, '동화와 배제'의 양면을 가진 일본 정부의 정책에 농락당해 왔다. 이러한 압력은 지금도 여전히 계속된다고 할 수 있다. 여기에 대해 재일 조선인들은 '민족의 긍지'로써 대항해 왔다. 조선민족 전래의 우수성과 고유성을 들어 어린이들에게 조선민족의 일원인 것을 자랑스러워해야 한다고 가르쳐 왔다.

한편 일본 사회는 재일 조선인을 항상 치안 관리의 대상으로 다루었다. 즉 정치적 존재로 다뤄 온 것이다. 이 때문에 재일 조선인의 생활상의 권리는 많은 제약을 받았다. 이에 대해 재일 조선인은 '차별과 억압에서의 해방'을 주장하면서, 이를 재일 조선인 전체의 응집을 꾀하고 저항하는 수단으로 삼아 왔다. 오늘에 이르기까지 일본 사회와 싸워나가는 데 재일 조선인은 '민족을 본질적인 것으로 여기는 이념'과 '정치적 압력 집단으로서 갖는 집단적 정체성' 양쪽을 그때그때 상황에 따라 구사해 왔다. 이 과정에서 '재일 조선인'이라는 정체성의 범주가 생성된 것이다.

일본 사회와 재일 조선인의 이러한 '상호 작용'은 언뜻 권력과 반권력, 억압과 저항이라는 대립 구도만으로 파악되기 쉽다. 그러나 사실은 재일 조선인을 '열등민족', '위험 분자'로 보는 시각이나 '우수하고 긍지를 가질 만한 민족', '억압에서 해방되어야 하는 민족'으로 보는 시각은 모두 재일 조선인을 '균열 없는 한 덩어리 바위'처럼 여기는 점에서 똑같다. 말하자면 '동전의 앞뒤 관계'라고 이야기할 수 있을 것이다.

재일 조선인은 '조선인'이라는 이유로 일본 사회에서 '차별'과 '억압'을 받아 왔다. '민족의 긍지'를 갖고 동화와 억압에 저항해 나갈 필요성이 제기됐으며 저항이 아니고서는 차별과 억압에서 해방될 수 없을 것이라고 생각했다. 바꿔 말하면 '민족'은 억압에서의 해방과 자유의 상징이었다. 이런 생각을 바탕으로 균열 없는 한 덩어리 바위와 같은 재일 조선인의 정체성이 형성되었다. 저항 수단으로서의 재일 조선인의 정체성 형성에 재일 조선인 교육은 큰 구실을 수행해 왔다. 재일 조선인의 교육은 민족의 언어와 역사 교육을 통해 '민족의 자각과 긍지'를 기르는 것, 그리하여 그 '긍지'를 갖고 일본 사회의 '동화' 압력에 대항해 나가는 것을 목표로 하였다.

1970년대 이후 조선 반도에서 출생한 1세로부터 일본에서 출생한 2세로 재일 조선인 사회의 세대교체가 진행되는 가운데 지금까지의 균열 없는 한 덩어리 바위 같았던 재일 조선인의 정체성으로는 설명할 수 없는 다양한 상황이 나타나기 시작했다. 그래서 지금까지의 민족상(民族像)과 변화하는 현실 세계의 사이에서 재일 2세들이 새로운 민족 정체성을 모색하기 시작했다.

제4장

민족이라는 부자유
-재일 2세의 선택-

1960년대, 즉 일본의 고도성장기 이후 재일 조선인 사회의 중심은 차츰 일본 태생의 재일 2세들이 차지하게 된다. 이 장(章)에서는 이들의 정체성 상황에 초점을 맞추기로 한다.

한마디로 '2세'라고 말하지만 그 연령 폭은 다양하다. 또 최근에는 뉴 커머라고 불리는 한국인들이 많이 살고 있는데, 그들의 아이들도 말하자면 2세라고 할 수 있을 것이다. 여기서 논의의 대상으로 삼는 2세는 정주 외국인인 재일 조선인에게서 태어난, 일본 태생의 2세를 뜻한다. 그래도 연령층에는 폭이 있다. 개인적인 이야기인데 나의 어머니도 2세지만 1932년생이다. 그 역사적 체험과 내면의 편력은 1세인 조부모의 영향을 강하게 받았다.

반면 나의 아버지는 1929년에 태어난 1세이다. 10살 무렵 일본에 건너와 청년기를 일본 사회에서 보냈다. 내가 볼 때 아버지는 전시(戰時) '황국신민화 교육'의 영향을 짙게 받았다. 아버지의, '조선인'이라는 민족적 자각은 복잡한 양상을 띠었다고 생각된다. 나의 아버지와 같은 세대, 즉 역사적 체험을 한 재일 조선인을 '1세'라는 범주에 포함시키는 것이 가능하지만, 내가 볼 때 아버지는 '2세에 가까운 1세'가 아닐까 생각한다.

따라서 '1세다, 2세다'라는 분류는 다양한 스펙트럼을 갖는다. 당연하다고 말하면 당연한 일이지만……. 그러나 굳이 여기서 2세라고 부르는 대상은 대략 1945년 전후 일본에서 태어난 사람들을 말한다.

그들은 조선이 식민지 지배에서 벗어난 '독립기'와 '해방기'에 어린 시절을 보냈다. 1950년대에 재일동포 사회의 남북 분단 상황을 거쳐 1960년대에 청년기를 맞는다. 그 시기에 전개된 '모국 유학'을 체험하면서, 한국 정부의 이른바 '스파이 사건'에 연루되어 꽃다운 청년 시절의 긴 시간을 감옥에서 보낸 사람도 적지 않았다.

2세는 일본 사회에서 1세들이 겪는 어려움을 보면서 자랐다. 따라서 '1세적 가치관'을 깊게 내면화하고 있다. 그러나 동시에 1960년대와 1970년대에 청춘 시절을 보내면서 1세적 가치관은 크게 흔들렸고, 이것이 다음 세대인 3세, 4세의 '재일 조선인 정체성의 다양화'로 연결됐다. 이들은 말하자면 변화의 시대를 체험했던 '틈새 세대'였다. 체험에서 우러난 정체성 상황 때문에 이들은 '경계(境界)의 사람들', 혹은 '주변인'(marginal man)으로 불리기도 했다.

1969년 2세의 인구는 재일 조선인 전체의 72.4퍼센트, 1974년에는 75.6퍼센트를 차지했다.[1] 재일 조선인 사회의 중심은 1세에서 2세로 확실히 넘어가고 있었다.

조선반도에서 태어난 1세와 달리, 2세에게 '조국'은 추상적일 수밖에 없었다. 일본 사회의 차별 대우에 따른 소외감과 '추상화한 조국'의 틈새 사이에서 2세들은 스스로의 정체성을 어디에서 찾으면 좋을지 몰라 헤매고 있었다.

> …… 나는 '고향은 어디인가'라는 질문을 받으면, 첫 대면이 아닌 경우엔, 태어나서 자란 A현이라고 대답하는 것이 통상적이다. 물론 상대에게 내가 한국인이라는 사실을 알리지만 이상하게도 'A현입니다'라고 대답했을 때 정말로 내 고향이 A현인가 하는 의문도 동시에 일어난다. A현이라고 단정할 수 없는, 나의 막연한 신세를 다시 확인하기 때문인지도 모른다. 말하자면 내 고향은 어디에도 존재하지 않는다라고 대답하는 편이 더 정확할지 모르겠다. …… 바꿔 말하면 '재일동포 2세'는 어떤 의미에서는 고향을 잃어버린 사람들의 총칭이 아닐까 한다. 1세인 부모의 고향을 자신의 고향이라고 부르는 것은 자연스럽지 못하고, 태어나 자란 특정 지역을 자신의 고향이라고 단언하는 데도 저항감을 갖게 된다. 재일동포 2세에게 참된 고향은 존재하는가라는 생각에 휩싸이는 게 나 혼자만은 아닐 것이다.[2]

1. 모국유학

이처럼 정체성 모색을 계속하고 있던 2세에게 1965년 체결된 한일조약은 하나의 활로를 열어준 전기(轉機)였다.

일본과 한국의 국교 정상화로 재일 조선인과 모국의 거리는 가까워졌다. 여름방학을 이용해 한국에 단기 연수를 가는 등 모국유학을 하는 자이니치 청년이 급증했다. 모국 유학은 그들에게 조국을 직접 접할 수 있는 절호의 기회였다. 많은 자이니치 청년이 태어나서 처음으로 '조국' 땅을 밟았다.

김영식 씨의 아들인 김신웅(金愼雄) 씨도 모국 유학을 했다. 신웅 씨는 처음 '모국' 땅을 밟았을 때의 기분을 이렇게 회상한다.

그때는 아무것도 몰랐습니다. 한글도 모르고, 한국말을 포함해 아무것도 몰랐어요. 그쪽 학생들과 교류했지만 한국말은 몰랐지요. 오사카역에서 밤 기차를 타고 시모노세키까지 갔지요. 그리고 그날 저녁 아리랑호를 탔습니다. 저녁 5시에 떠나 새벽 두세 시쯤 부산항에 도착했습니다. 부산항에 도착했을 때의 감동은 지금도 선명하게 기억하고 있습니다. 내 나라라는 것이었지요. 한번도 본 적이 없었지만, 그때의 감동이란……. 거기에 도착했을 때, 아무 말도 할 수가 없더라고요. 내 부모가, 내 할아버지, 할머니가 여기에서 일본으로 건너왔구나, 여기서 시작됐구나 등등 만 가지 생각이 스쳐 지나갔습니다. 그때 갔던 사람들은 거의 울었습니다. 뭐라고 할까, 모두 비슷하지 않았겠습니까. 전부 같은 기분이었을 겁니다.

신웅 씨는 1950년생으로 중학교까지 일본 학교에 다녔다. 그리고 고등학교부터는 한국계 민족학교에 다녔다. 그리고 한국의 대학에 진학했다. 왜 한국의 대학이었을까. 그것은 신웅 씨가 고교 1학년 때 한국에서 한 달간 여름 연수 여행을 했기 때문이었다.

신웅 씨를 포함한 여름 연수 여행단 일행은 사적지를 포함해 서울과 부산을 둘러보았다. 부산 시내를 도는 여행단 관광버스에 유치원생이나 초등학생쯤 되는 어린이들이 돌을 던졌다.

'반(半) 쪽발이'라며 돌을 던졌습니다. 우리도 '반 쪽발이'라는 말은 알고 있었지요. '잠깐만, 이쪽 사람들은 우리들을 전혀 환영해 주지 않네. 왜 그럴까?' 그때 느꼈지요. 내가 한국 사람이라는 것을 증명해 주는 게 아무 것도 없다는 것을. '반 쪽발이'라는 말을 들어도 어쩔 수 없구나 하는 생각이 들었습니다.

'반 쪽발이'는 '반 일본인'이라는 의미로, 재일 조선인은 한국 사람들로부터 이렇게 불리며 멸시당해 왔다.

이 체험을 통해 신웅 씨는 '그렇다면 완벽한 한국인이 되어 보자'라고 생각했다. 그래서 고등학교의 한국어 상급반에서 한국어를 익힌다.

이런 준비를 한 다음 신웅 씨는 한국의 대학에 응시하겠다고 부모에게 알렸다. 부모는 '네가 생각하는 대로 하라'며 신웅 씨의 한국 유학에 찬성했다. 신웅 씨는 1969년 한국의 한 대학에 진학했다.

신웅 씨는 '완전한 한국인'이 되기 위해 엄청난 노력을 했다.

언어는 한국인들이 말하는 것을, 보고 들으며 연습했습니다. 내가 자이니치인 것을 사람들이 알아채지 못할 정도로 열심히 했습니다. 옷은 물론이고 모든 면에서 그랬지요. 자이니치처럼 보이는 옷은 일절 입지 않았지요. 한국 사람처럼 입었습니다. 먹는 것, 마시는 것도 그랬지요. 사람 사귀는 것도 그랬고요. 그렇게 노력했습니다.

그러나 신웅 씨에게 한국의 생활은 여러 면에서 문화적 충격의 연속이었다.

모든 걸 일본인과 같은 눈으로 보게 되더군요. 자이니치라면 누구나 경험했을 것이라고 생각합니다. 한국 학생들과 이야기를 하면서 모순 같은 것을 느꼈지요. 역시 '벽'(壁)이 느껴지더군요.

'완벽한 한국인'이 되려고 할수록 신웅 씨는 '역시 나는 자이니치이구나'라고 절감할 수밖에 없었다.

말 하나 익히는 것은 물론 풍속, 습관 등 모든 것이 그랬지요. 역사적인 것도 그랬고요. 여기 백(百)이 있다면, 일(一)에서부터 차례차례 쌓아 올리면 올릴수록 백에 가까이 가는 것이 보통이지요. 그러나 하나하나 익히고, 가까이 가면 갈수록, 하면 할수록, '나는 자이니치이구나' 하게 되더군요.

'완벽한 한국인'이 되려고 한국에 유학한 신웅 씨에게 이런 체험은 작지 않은 좌절감을 안겨 주었다.

좌절감이 들었습니다. 지금 생각하면 그건 당연한 것

이었고, 그래서 좋았다고 생각하지만요. 우리들이 그런 처지에서 사물을 볼 수 있다는 건 아주 좋은 일 아니겠습니까. 우리들이 한국에 돌아가 생활하는 것이 전부인가요? 꼭 그렇지만은 않지요. 여러 길이 있어요. 사물을 다양한 눈으로 볼 수 있어서 정말 좋았습니다.

모국과 자이니치 사이의 거리를 실감하고 좌절감을 맛보게 된 신웅 씨였지만, 그 체험을 통해 일본에서 생활하는 것만으로는 얻을 수 없었던 자이니치의 독자적인 시각을 얻을 수 있었다.

신웅 씨는 학교 교사들에게 자이니치 어린이들을 한국에 한 번은 데리고 가야 한다고 조언한다. 하지만 신웅 씨가 '한국에 데리고 가야 한다'고 하는 것은 어린이들을 '완벽한 한국인'으로 만들기 위한 것이 아니다. 일본에서 생활하는 한국인으로서, 일본 사회에서 자신의 '위치'나 모국과 자신들의 '거리'를 확인하기 위한 것이다.

그 체험에서 "재일 한국인으로서, 그리고 조선인으로서 어떻게 살아가야 하는가라는 문제의 답이 보이기 때문"이라고 신웅 씨는 말한다. 이것이 '민족적인 주체성'이라고 그는 주장한다.

2. 국제결혼

　자이니치 2세들의 고민 가운데 하나가 결혼 문제다. 즉 결혼 상대가 일본인인 경우 그들은 고민하지 않을 수 없다.

　많은 1세들은 자녀의 결혼상대로, 가능하다면, 또는 절대로, '동포'인 한국인이나 조선인을 생각했다. '일본인과의 결혼은 젊은 때는 괜찮지만, 나이가 들수록 틈이 생겨 결국에는 이혼하게 된다'는 것이 1세들의 체험에서 나온 생각이었다. 그리고 실제로 그런 경우도 적지 않았다. 하지만 최근의 추세는 1세들의 바람과는 반대 방향으로 진행되고 있다.

　1994년 현재 한국적(籍)이거나 조선적인 사람들의 혼인 가운데, 상대가 한국적이거나 조선적인 경우는 전체의 약 18퍼센트를 넘지 않는다. 82퍼센트는 상대방이 한국적이나 조선적이 아닌 경우3)로, 대부분 일본인과의 결혼일 것으로 생각된다. 결혼상대로 같은 재일 조선인을 선택하는 사람은 이미 '소수파'가 됐으며, 대부분의 자이니치가 일본인을 결혼상대로 고르고 있다.

　이렇게 된 가장 큰 요인은 재일 조선인 남녀가 서로 알 수 있는 기회가 적기 때문이다. 해마다 재일 조선인 사회가 좁아지고 있다. 또 일본식 이름을 사용하면서 재일 조선인이라는 사실을 밝히지 않고 생활하는 사람이 대부분이기 때문에 자이니치 젊은이들끼리 만나게 되더라도 서로 재일 조선인이라는 사실을 알지 못한 채 지나쳐 버리는 경우도 적지 않다. 이런 상황에서 재일동포끼리 하는 결혼은 매년 그 수치가 줄어들고 있다.

그러나 자이니치의 대부분이 이런 국제결혼을 선택하고 있다고 해도, 그들 하나하나의 사례에는 표면상 좀처럼 드러나지 않고, 한마디로는 정리할 수 없는 다양한 내면적 갈등이나 그 극복의 결과가 자리잡고 있다. 말하자면 하나하나의 결혼에 '국제결혼'의 '드라마'가 있는 것이다.

정경순(鄭慶順) 씨도 이런 갈등과 극복을 거쳐 '국제결혼'을 한 사람이다.

경순 씨는 1958년생으로 정경조 씨의 딸이다. 경순 씨 남편은 일본인으로 아이들은 모두 일본 국적이다.

경순 씨는 초등학교와 중학교를 민족학교에 다녔다. 경순 씨 집 바로 앞에는 일본 초등학교가 있었다. 경순 씨의 어머니는 그 학교에 딸을 다니게 하자고 주장했다.

그러나 아버지 경조 씨는 '조선인의 아이는 조선 학교에서 조선의 교육을 받지 않으면 안 된다'는 강한 신념 아래, 전차를 타고 통학하지 않으면 안 되는 민족학교에 딸을 다니게 했다. 어머니는 '어린 아이에게 그렇게까지 할 필요가 있을까'라고 매일 울면서 경조 씨에게 호소했다고 한다.

이른바 조선 학교에 다니는 여학생은 중학교 때부터 교복을 입는다. 그 교복은 민족의상인 치마저고리다. 한눈에 재일 조선인이라는 것을 알 수 있다. 예전부터 조선 학교의 여학생들은 걸핏하면 일본 사회에서 이지메의 표적이 되었다. 그러나 그 교복은 지금도 바뀌지 않았다.

2학년 때까지는 민족학교가 없었어요. 지부의 윗사람으로, 정말 선생님도 아닌 사람이 가르치기도 했습니다. 1학년과 2학년이 함께 수업하는 일도 있었지요. 2학년이 되어서야 벤텐초(弁天町)에 조선 학교가 설립돼 거기에 다녔지요. 그러자 엄청난 일이 벌어졌습니다. 부모님들이 몹시 싸웠어요. 어머니는 "(일본 학교가) 바로 앞에 있는데, 왜 일부러 멀리까지 가야 하느냐"고 따졌죠. 아버지는 아버지대로 "조선의 아이는 조선 학교에 가서, 확실하게 공부하지 않으면 안 된다"고 주장했습니다. 지금 돌이켜보면 역시 조선 학교에서 '진정한' 교육을 받아서 지금의 내가 있다고 생각합니다. 만약 일본 학교에 갔으면 완전한 일본인이 됐을 겁니다.

　경순 씨는 치마저고리 교복을 입고 일부러 멀리 떨어진 민족학교에 다녔다. 일본 사회에서 차별 받는 고통스러운 체험을 했지만 자신이 받은 교육이 좋았다고 생각한다. 일본인 행세를 하며 사는 것이 아니라, 재일 조선인인 것을 주위에, 그리고 자기 자신에게 일깨워 가면서 생활했다. 민족학교에서 교육을 받았기 때문에 '나는 조선인이라는 자각'을 할 수 있었다고 경순 씨는 생각한다.

　　편했지요. 역시 비슷한 사람들이니까요. 요즘은 조선 어린이들이 일본 학교에 다니지만 쓰라린 경험을 하는 경우가 많아요. 그에 견주면 나는 꽤 편했다고 할 수 있습니다. 적어도 그 안에 있는 동안에는 말이죠. 한 발자국만 밖으로 내디뎌도 심한 차별을 받았습니다. 돌을 맞는 일도 있었고요. 나는 지지 않으려는 성격이 강해서 그런지 왜 이런 일을 당해야 하나 생각하고 반드시 되갚으려 했습니다. 그래도 역시 민족학교 안에 있을 때가 좋았지요.

　민족학교는 학교 밖 일본 사회와는 다른 세계였다. 거기에 모인 사람들은 재일 조선인으로, 그것은 일본 사회에선 있을 수 없는 상황이었다. 민족학교에 다니는 학생들은 생활의 많은 시간을 '동포'인 재일 조선인 친구들과

지낸다. 하지만 한 발자국만 밖으로 내디뎌도 거기에는 조선인에 대해 다양한 '공격'이나 '압력'을 가하는 사회가 버티고 있다. 경순 씨 등 민족학교의 학생들에게 학교는 그런 '공격'이나 '압력'으로부터 벗어나는 '피난처'와 같은 곳이었는지 모른다.

경순 씨는 아버지 경조 씨와 어머니 정숙 씨가 고생하는 모습을 보고 자랐다. '왜 조선인은 이렇게 고생하지 않으면 안 되는가. 왜 조선인은 일본에서 생활하면서 온순하게 살지 않으면 안 되는가', 이런 생각을 하면서 자랐다. "(부모가 살아가는 모습을) 줄곧 보아왔기 때문에 나는 조선인이라는 의식이 강했습니다. 조선인은 조선인으로서 열심히 살아가는 게 좋지 않을까라는 생각을 어릴 적부터 죽 했었다"라고 경순 씨는 말한다.

그러나 경순 씨는 초등학생 시절 일본 사회의 차별과 멸시에 짓눌려 터질 듯한 느낌을 받기도 했고, 이런 절망감을 발산하기 위해 한때 비행을 저지르는 등 빗나간 적도 있었다고 말한다.

친하게 지내던 친구에게 자신이 조선인이라는 사실을 털어놓았을 때 친구가 경순 씨를 피하기도 했다. 경순 씨의 충격은 컸다. 경순 씨는 '배신당했다'는 생각에 휩싸였다. 조선인이라는 민족적 자긍심을 확고히 갖고 살아가기를 바라는 부모의 기대와, 일본 사회 현실의 틈 사이에서 경순 씨는 갈등했다. 한때의 빗나간 행동은 그런 틈에 끼인 경순 씨의 절규였다.

그러나 비뚤어진 길을 걸을 뻔했던 경순 씨의 진로를 되돌린 것은 역시 부모의 모습이었다.

하지만 역시 이렇게 가면 안 된다는 생각이 들어 제 자신을 다시 추슬러 일어났죠. 아버지와 어머니의 격려도 있어 '이게 뭐야. 이렇게 살면 안 돼'라는 생각으로 열심히 살았습니다. 그런 가운데 일본인 친구도 생겼지요. 그때까지는 조선인이라는 것을 말할 수 없어서 몹시 고민했습니다. 갈등이 있었습니다. 그래서 더 이상 숨기지 않겠다고 마음을 먹었습니다. 숨기다가 나중에 쓰라린 일을 당하느니 처음부터 말하는 편이 낫지 않을까요. 떠날 사람은 떠나고, 이해해 줄 사람은 이해해 주지요. 내가 조선인인 바에는 조선인이라는 생각을 확실히 갖고 살아가자고 다짐했습니다. 그래서 친구가 생겨도 나는 조선인이라고 먼저 말합니다. 회사에서도 따로 이야기할 필요가 없더라도 처음에 말해 둡니다. 그래서 안 된다고 하면 단념하지요. 아르바이트를 할 때나 다른 것을 할 때도 반드시 처음에 말해 두었습니다. (다행히도) 당신이라면 괜찮겠다고 해서 죽 일할 수 있었습니다.

경순 씨는 그 뒤로 오늘에 이르기까지 그런 신념으로 생활해 왔다.

경순 씨는 스무 살 때 현재의 남편인 가즈오(和夫) 씨를 알게 되어 교제하던 끝에 가즈오 씨로부터 청혼을 받았다. 가즈오 씨는 일본인이었다. 경순 씨는 '결혼한다면 같은 조선인이랑 하자'고 생각해 왔다. 경순 씨는 그렇게 하는 것이 당연하다고 생각했고 부모 또한 그랬다.

청혼을 받을 때까지 경순 씨는 가즈오 씨에게 자신이 조선인이라는 것을 말하지 않았다. 경순 씨는 "내가 조선인이라는 사실을 말하면, '이 이야기는 없었던 것으로 하자'고 말할 것이 틀림없다"고 생각했다. 경순 씨는 이런 일로 이전에 친구가 떠났던 쓰라린 경험을 했던 것이다.

이런 생각을 하면서 경순 씨는 가즈오 씨에게 자신은 조선인이라고 말했다. 그때 가즈오 씨는 '생각할 시간을 일주일 달라'고 했다. '어차피 안 되는구나'라고 경순 씨는 생각했다.

많은 재일 조선인들이 겪는 일이지만, 인생을 살아가는 도중에 '앞으로 한 걸음 나아갈까 아니면 뒤로 한 걸음 물러설까'라는 선택을 해야 할 때, 자기 규제를 해 버리고 마는 경우가 있다. 재일 조선인은 조선인이라는 이유로 일본 사회에서 배제와 소외의 아픔을 겪었다. 조부모도 그런 힘든 경험을 허다하게 해 왔고, 부모 또한 마찬가지였다. 재일 조선인에게는 이러한 역사적 경험과 기억이 쌓여 있다. 이런 경험이나 기억이 조선인 부모는 물론 어린이들의 마음에 상처를 주지 않을 리가 없다.

재일 조선인은 조선인들끼리 연대를 하거나, 어린이들의 경우에는 일본 사회에 대해 저항적인 태도를 드러냄으로써 '배제'나 '소외'에 대항해 왔다. 재일 조선인은 이렇게 자존심을 지켜 왔다. '어차피 거절당할 거라면 이쪽에서 관계를 끊자.' 이런 행동을 하는 재일 조선인이 적지 않다. 이것은 배제되고 소외되어 온 사람들이 더 이상 상처받지 않기 위한 방어 수단이자 자기 규제인 것이다.

그러나 그렇게 함으로써 재일 조선인은 스스로 가능성을 닫아버리고 만다. 어쩌면 저 건너에 아직 보이지 않는 살 길이 있는지도 모르는데 재일 조선인은 그 문을 열어보려 하지 않는다. '어차피 무리일 거야'라며 많은 소수자들이 스스로 자신의 가능성을 좁혔다. 경순 씨도 절반은 그런 기분이었다.

그러나 가즈오 씨로부터 돌아온 답은 '결혼하고 싶다'였다. 경순 씨로서는 '예상 밖'의 회답이었다. 경순 씨는 '가즈오 씨와 결혼하자'고 결심했다. 그러나 경순 씨에게는 넘지 않으면 안 되는 것이 하나 있었다. '부모의 기대'였다.

　　동급생 가운데 일본인과 결혼했다가 결국 이혼한 사람이 있었습니다. 그런 일을 죽 봐 왔어요. 아버지 역시 부모니까 같은 나라 사람과 결혼해서 행복하게 살았으면 하는 바람이 반드시 있었을 겁니다. 그래서 지금 남편과 사귈 때 몹시 불안했어요. 정말 몰래 사귀었어요. 남편이 집까지 바래다주었는데 어떤 때는 바로 눈앞에 아버지가 보일 때가 있었습니다. 그럴 땐 깜짝 놀라 숨곤 했어요. 그러면서도 어머니한테는 말해 두는 것이 좋을 것 같아서 말씀드렸어요. 그러면 자연스레 아버지도 알게 되지 않을까 생각했지요. 그래도 '결혼하게 해 주세요라고 말하러 가면 뭐라고 할까, 진노하지 않을까, 틀림없이 집에서 내쫓을 거야'라는 생각이 들었어요. 저도 같은 나라 사람과 결혼하는 것이 편할 거라고 생각했어요. 아이가 생겨도 그게 더 좋을 것 같았고요. 하지만 일단 사람이 좋다면 어느 나라 사람이든 상관없다고 생각했습니다.

　　경순 씨는 우선 어머니에게 자신의 의사를 털어놓았다. 경순 씨의 어머니는 경순 씨의 생각에 동조해 주었다. 그리고 경순 씨가 직접 아버지에게 말씀드리기 전에, 먼저 이야기해 주겠다고 말했다. 경순 씨의 어머니는 눈물을 흘리면서 두 사람의 결혼을 허락해 달라고 경조 씨에게 호소했다. 경조 씨는 고민 끝에 경순 씨와 가즈오 씨의 결혼을 승낙했다. 경조 씨는 이렇게 말한다.

> 호되게 얻어맞을 거라고 생각했을 겁니다. 절대 허락하지 않을 거라고 생각했겠지요. 아내가 울면서 실은 이러저러했다고 말하더군요. 굉장히 화를 낼 거라고 생각했을 겁니다. 나는 아무 말도 하지 않고 여러 날 생각한 뒤 허락했습니다. 학교 다닐 때 그렇게 힘들게 했던 아이가 이제 겨우 좋아하는 사람을 만났는데, 그만두라고 말해 버렸다가 나이가 나이인지라 내가 갑자기 죽기라도 한다면 이 아이의 운명은 어찌 될 것인가라는 생각이 들더군요. 사람을 보고 '이 사람이라면 괜찮겠다' 싶어 허락했지요. 학교 시절 매일 그렇게 고생시켰는데…….
> 그래서 허락하자고 생각했습니다.

경순 씨 부부는 현재 경순 씨 부모와 같이 살고 있다. 그리고 이웃 일본 사람들에게도 자신들이 조선인이라는 것을 밝힌 채 생활하고 있다.

가즈오 씨는 장인, 장모를 '할아버지, 할머니'라고 부른다. 아이들도 조부모를 '할아버지, 할머니'라고 조선어로 부른다. 집안에서뿐만 아니라 친구들 앞에서도 그렇게 부른다. 그래서 근처에 사는 손자의 일본인 친구들도 경조 씨를 할아버지라고 부른다. 경조 씨는 그게 몹시 기쁘다고 한다. "이 아이(경순 씨)도 내가 가르친 대로 민족성을 손자에게 확실히 가르치고 있습니다. 손자는 일본인이지만 (조선)말을 가르친다든지……. 나는 행복합니다." 이렇게 경조 씨는 말한다.

경순 씨에게는 형제자매가 없다. 가즈오 씨가 '양자로 들어오는' 형태를 취하지 않았고 아이들 국적도 일본이어서 정(鄭)씨 성(姓)을 잇는 사람으로는 경순 씨가 마지막이다.

아버지의 정씨 시대는 나로서 끝납니다. 정가(鄭家)는 나로 끝이지요. 쓸쓸한 일이지만 어쩔 수 없지요. 제가 외동딸이니까요. 오빠나 남동생이 있으면 계승할 수 있겠지만 이젠 불가능한 일입니다. 말해 봐야 소용도 없고요. 일본인과 결혼하지 않고 조선인과 결혼해 조선 아이들을 늘려 가는 것이 좋겠지요. 하지만 저는 일본인과 결혼해 아이들이 전부 일본 국적입니다……. 제 경우는 이렇게 될 수밖에 없었다고 생각합니다. 아버지가 이어받은 성(姓)이라든가 문화가 제 대(代)에 끝난다고 하더라도 괜찮다고 생각합니다. 지금까지 열심히 살아왔기 때문에…….

정씨 성이 끊어지는 것과 관련, 부모를 생각하는 경순 씨의 마음속에는 말로는 다할 수 없는 복잡한 생각이 있는 것 같다. 이런 경순 씨 가족에게 수년 전 기쁜 '사건'이 일어났다. 당시 초등학교 3학년이었던 셋째 아이가 지금까지 사용하던 본명을 사용하지 않고, 정씨 성을 쓰겠다고 말을 꺼낸 것이었다. 아이는 '정'이라는 성 아래에 자신의 이름을 붙여, 그것을 조선식으로 읽는 이름을 사용하기 시작했다.

왜 아이가 그렇게 하려고 생각했는지 경순 씨는 자세한 이유를 알 수 없었다. 다만

그 아이가 2학년 때, 내가 어릴 적 겪었던 차별을 학급 학생 모두를 앞에 두고 들려준 적이 있습니다. 그때 무언가 느낀 게 있었는지 일본 이름 대신 조선 이름으로 살겠다고 말을 꺼내더군요.

라고 아들의 속내를 짐작했다.

아들은 현재 조선 이름으로 생활하고 있다.

'일본 이름'에서 '조선 이름'으로 바꾸자 학교 교사나 주위의 친구들도 당연히 당혹스러워했다. 어제까지 'A군(君)'이었던 아이가 어느 날 'B군(君)'으로 바뀌었다. 게다가 별로 귀에 익숙해지지 않는 이름이다. 담임교사가

'민족이름' 운운하면서 어린이들에게 말해 주어도, 그건 초등학생이 좀처럼 이해하기 어려운 일이다. 그의 이름을 비꼰다든지 못된 짓을 하는 일들이 수차례 일어났다.

3학년 무렵 아들이 이름 때문에 조롱당한 일이 있었습니다. 그래서 그만두게 할까 생각했습니다. 다시 일본이름을 써도 좋다, 무리하지 않아도 된다, 너의 성은 본디 '마에가와'(前川)니까, 그렇게 하지 않아도 괜찮다고 말했죠. 하지만 아들이 계속 조선 이름으로 살겠다고 말했을 때는 눈물이 나올 정도로 기뻤죠. 그런 일들이 있었어요.

경순 씨는 "아이들이 저 편한 대로 살아가면 좋겠다"고 말한다.

우리 같은 일을 겪게 하고 싶지 않습니다. 그저 '어머니가 조선인'이고 '아버지는 일본인'이라는 정도만 알아 주면 좋겠어요. 외할아버지, 외할머니가 예전에 일본에 와서 어려운 생활을 했고, 어머니가 태어나 자신들을 이렇게 길렀다고 이해해 주면 됩니다. 특별히 조선인 피와 일본인 피가 반씩 섞여 있으니까 조선의 무얼 하고, 일본의 무얼 하지 않으면 안 된다는 식이 아니라, '너희는

너희의 인생을 걸어가면 된다'고 말해 주고 싶습니다. 어머니가 조선인이니까 조선말을 공부해야 한다든지, 아버지가 일본인이니까 일본 것을 하지 않으면 안 된다고 강요하고 싶지 않아요. 자신들의 어머니가 조선인이라는 것을 알아주면 그것으로 충분합니다.

자신들의 민족적 체험이나 생각을 물려주는 기쁨, 그러나 한편으론 아이들이 그것을 '책임'으로 받아들여 인생의 선택 폭을 오히려 좁히게 되는 것은 아닌가라는 생각. 이런 두 갈래 생각이 경순 씨의 마음속에 자리잡고 있다. 그래서 경순 씨는 말한다.

아들이 그렇게 해 주는 게 어미로서는 몹시 기쁘지요. 조선인인 나를 조금은 생각해 주고 조금은 이해해 주는구나 싶어 기쁩니다. …… 나에게는 나의 시대가 있고, 아이들에게는 아이들의 시대가 있을 터…….

3. '재일 지향(志向)'이라는 선택

　1970년 12월 아이치(愛知)현 니시오(西尾)시에 사는 박종석(朴鐘碩) 씨가 히타치제작소를 상대로 고용계약을 제대로 이행하라는 소송을 제기했다. 그것은 재일 조선인이 제기한, 역사상 첫 취직차별취소청구소송이었다. 이른바 '히타치 취직차별재판'으로 일컬어진다.

　박씨는 히타치제작소의 필기시험과 면접시험을 거쳐 채용되었다. 그러고 나서 호적등본을 제출하라는 회사 측 요구에 자신이 외국인이라는 것을 알렸다. 그러자 회사 측은 채용을 취소한다고 통보했다. 문제가 된 것은 입사시험 서류에 '아라이 쇼지'(新井鐘司)라는 통명[通名, 본명 대신 일상생활에서 흔히 사용하는 이름 – 역주]을 기재하고 본적을 '아이치현'이라고 적었던 것이다. 박씨의 형이나 누나는 취직할 때 한국적(籍)이라서 불합격됐던 경험이 있다. 때문에 그는 '서류 심사에서 떨어지면 견딜 수 없다'는 생각에 원래의 국적을 쓸 수 없었다. '그는 거짓말을 하는 성격이다', 이것이 회사 측의 채용 취소 이유였다. 회사 측 담당자는 책임을 추궁하려면 재판을 걸어도 좋다고 말했다. 4년간의 재판 결과, 박씨는 승소 판결을 받았다. 박씨의 재판과 그에 대한 지원 운동의 특징은 일본 출생의 2세가 선두에 나섰다는 점이다. 그 때까지도 재일 조선인의 사회 운동은 많은 경우 자이니치 1세가 중심이 된 것으로, 그 주장은 본국과의 관계에 중점을 두었다. 그 결과 재일 조선인의 지위향상을 요구한다든지, 이를 위해 일본 사회에 이의신청을 하는 활동 따위는 등한시되곤 했다. 1세에게 일본 사회는 '잠시 머무르는 곳'으로, 일본에서 어떻게 살아가느냐는 중요하지 않았던 것이다.

그러나 일본에서 나고 자란 2세의 의식은 1세의 그것과는 달랐다. '줄곧 일본 학교에서 일본인 친구들과 같이 공부하고 생활한 자신들이 왜 취직이나 결혼이라는 인생의 중요한 국면에 부닥치면 '차별'을 받아야 하는가.' 그들은 그렇게 생각했다. 박씨의 문제는 이러한 2세 이후 세대의 의식을 반영한 것이었다. 재일 조선인들은 앞으로 본국에 돌아가지 않고 대부분 일본에서 생활해 나갈 것이라는 점에 의심할 여지가 없었다. 이 무렵부터 2세 이후의 세대에게는, 일본 사회에서 어떻게 살아나갈 것인가가 절실한 문제로 떠올랐던 것이다.

박씨의 소송을 계기로 떠오른 이 문제는 자치단체 직원 채용시험에서 '일본 국적을 가지고 있는 자에 한정'이라는 국적 제한 조항의 철폐 운동으로 급속히 확산됐다.

1973년 오사카·고베지역의 일곱 개 시(市)에서 일반사무·기술직의 국적 조항이 철폐되었다. 또 1977년에는 사법연수생 채용 시험에서도 국적 조항이 철폐되어 처음으로 외국적 변호사가 탄생했다. 1980년대에는 오사카부 안의 각 자치단체가 일반사무·기술직의 국적 조항을 철폐했다. 그리고 1984년에는 우편 외무직(배달직)의 국적 조항도 철폐되었다. '재일'이라는 현실을 직시하고, 자이니치는 어떻게 살아나갈 것인가라는 생각은, 조국과의 유대감을 중요시했던 그때까지의 '조국 지향' '본국 지향'의 생각과 대비되어 '재일 지향'으로 불렸다.

다카쓰키시에서도 시청 직원 채용시험 국적조항이 1980년도부터 철폐되었다. 여기에는 '다카쓰키 무궁화회'라는, 2세를 중심으로 한 재일 조선인 청년 단체가 시를 상대로 한 노력이 큰 영향을 미쳤다.

다카쓰키시에는 1999년 4월 말 현재 총인구 36만 2,347명 가운데 1,978명의 한국적·조선적 주민(외국적 주민 2,947명 가운데 67.1퍼센트)이 살고 있다. 다카쓰키시에 재일 조선인이 집단 거주하고 있는 지역의 하나로 나리아이(成合) 지구가 있다. 나리아이 지구는 다카쓰키시 북동부의 산기슭에 자리한 지역이다.

'나리아이'의 재일 조선인은 전쟁 중 일본군이 나리아이의 산중에 만들려고 했던 군수공장 '다카쓰키 지하 창

고' 건설에 반 강제적으로 끌려온 노동 인력이었다. 지하 창고의 완성을 보지 못하고 일본은 패전했다. 그러나 공사에 동원되었던 조선인들은 보상도 못 받고 그곳에 방치되었다. 지하 창고 공사에 종사했던 조선인이 전후, 산기슭에 형성했던 마을이 현재의 '나리아이 기타노마치(北の町)'다. 이곳이 다카쓰키시에서 재일 조선인 집단 주거지역으로 불리는 '나리아이'다.

나리아이의 자이니치 어린이들의 마음과 생활은 황폐해져 있었다. '무궁화회' 창설에 동참했고, 현재 대표를 맡고 있는 이경제(李慶齊, 1954년생) 씨는 "조선인이라는 사실이 지긋지긋해진 것은 3학년 무렵부터였습니다. 조선인 여자 아이가 심한 괴롭힘을 당한다든지, 학교 통학 길에 일본인 개구쟁이들로부터 '조선에 돌아가라'는 말을 듣고 싸운다든지 하곤 했지요. 그때부터였습니다"4)라고 말한다.

초등학교 5학년 때는 학교에서 돈이 없어진 사건이 일어났는데, 교사가 학생들을 조사하면서 언제나 조선인 학생만 남게 했던 기억이 있다. 이씨는 그때 '조선인이어서 이런 일을 당한다. 조선인이라는 현실에서 벗어났으면'이라고 생각했다. 조선 이름으로 학교를 다녔던 이씨는 어머니에게 '일본 이름으로 다니게 해 달라'고 졸랐다. 그래서 중학교 입학과 동시에 일본 이름을 쓰기 시작했고 주위의 일본인 친구들에게도 자신이 조선인이라는 사실을 필사적으로 숨기게 되었다.

한편 이씨가 입학한 제6중학교에서는 일본 사회에서 차별을 받는 학생들의 문제를 중심으로 하는 교육 실천이 이뤄지고 있었다. 이씨의 담임교사는 이씨 스스로 '재일 조선인'이라는 것을 숨기지 말고 친구들에게 분명히 밝히도록 권유했다. 일본인 학생들에게도 재일 조선인이 처한 상황이나 역사를 가르쳐, 재일 조선인 급우인 이씨의 생활 배경과 그들이 가진 사회적 문제를 이해할 수 있도록 노력했다.

학급에서 이 같은 노력을 기울이면서 일본 학생들의 '재일 조선인 문제'에 대한 이해도 촉진되고, 또 이씨 등 자이니치 급우가 어떤 사회적 입장에 처해 있는지에 대한 인식도 깊어졌다.

그런 가운데 어느 날 일본인 급우가 학급일지에 이씨 등 재일 조선인 학생이 학교에서 조선인이라는 사실을 숨기고 생활하는 것은 이상하다고 지적했다. 이것을 계기로 이씨는 급우들 앞에서 재일 조선인이라는 것을 밝히는, 이른바 '입장선언'을 했다. 입장선언을 한 이씨에게 급우들이 '힘내라.', '긍지를 갖고 살아 달라'는 격려의 말들을 쏟아 냈다. 이씨는 그러나 이런 급우들의 '격려의 말'에 저항감을 가졌다. '긍지라는 것이 무엇인가? 자신

속에 긍지를 느낄 만한 것은 아무것도 없다. 가난하고, 공부도 별로고, 싸구려 옷을 입고 있다.' 이씨는 거꾸로 급우들에게 물었다. "긍지를 갖고 살려면 어떻게 해야 하지?" 그러나 급우들은 대답할 말을 찾지 못했다. "번드르르한 말은 하지 마라!" 이씨는 급우들에게 이렇게 반박했다.

나리아이 어린이들의 생활환경은 참담한 것이었다. 게다가 주위 일본인들의 눈도 있었다. 주민이 마주 지나쳐 가기 어려울 정도로 골목길은 좁았고, 상하수도가 설치돼 있지 않아 폐수를 '아무 데나 버리는' 상태였다. 당연히 환경은 비위생적일 수밖에 없었다. 이러한 나리아이 지구를 인근 신흥 주택지의 일본인 주민들은 '돼지 집'이라고 부르며 경멸했다.

어른들의 생활과 심리 상태도 결코 안정된 것은 아니었다. 언제 끝날지 모르는 강제 노동에 끌려와 어느 날 아무런 준비 없이 '해방'의 날을 맞았다. 앞날의 전망이 서지 않은 상태에서 쇠사슬은 풀렸지만 생활 방도를 세우는 일은 매우 어려웠다.

…… 조선인이 조선인을 싫어하게 되는 과정에는 반드시 '부모'의 모습이 있다. 차별을 받게 되면 조선인이라는 게 싫다고 생각하게 되고, 조선인은 부모, 부모는

술꾼이라는 등식으로 이어진다. 나쁜 것과 싫은 것이 부모에 집약되어, 어느새 '조선인＝부모＝증오'라는 등식이 형성되고 만다.5)

재일 조선인이 처한 냉엄한 현실은 민족운동이나 민족교육의 세계에서 말하는 '민족긍지'와는 커다란 괴리를 보인다. 자이니치 2세가 본 '재일 조선인의 원(原) 풍경'은 1세인 부모들의 모습이었다. '재일 조선인이라는 것', '재일 조선인으로서 살아가는 것'에서 적극적인 의의를 찾아내는 것이 어려웠던 2세 청년들에게 '긍지를 가지고 살아가세요'라는 말은 너무나 공허한 대사였다.

지각, 무단결석 등 이씨의 황폐한 학교생활은 계속되었다. 일본 사회에서 멸시받고 가정에 마음을 붙이기 어려운 나리아이의 청년들도 '길에서 어슬렁거리면서 무언가 사건을 일으켜 경찰에 붙잡혀 가는' 황폐한 생활을 하고 있었다.

이씨 등 재일 조선인 학생과 교사들에게는 갈등과 대화의 나날이 계속되었다. 이런 상황에서 그들은 '학교에서는 재일 조선인인 자신을 있는 그대로 일본인 학생이나 교사에 드러내 보이고, 살아온 내력을 말하거나 본명 선언을 통해, 차별과 마주하는 자신들의 위치를 확보'해 나갔다. 그 결과 이씨는 조선 이름으로 졸업하게 됐다.

당시 나리아이 기타노마치의 자이니치들은 퇴거에 내몰리고 있었다. 일본인의 토지를 불법으로 점거하고 있다는 이유로 소송에 걸려 있었던 것이다. 중학교를 졸업한 자이니치 젊은이들은 우선 그 문제에 적극 나섰다. 나리아이에서 생활하는 재일 조선인에게, '퇴거 문제'는 자신들의 생존권을 위협하는 것이었다. 재판 결과 법원은 나리아이의 재일 조선인 주민의 역사적 배경을 고려해 그곳에서 계속 생활할 수 있다고 인정했다. 또 나리아이의 생활환경도 이제는 주민의 자조(自助) 노력에 따라 크게 개선됐다.

그러나 그때 기존의 민족단체는 나리아이 지구 생활환경 개선을 위해 손을 내밀려 하지 않았다. 이씨는 민족단체에 가서, '지역'을 축으로[민족이 아니라 일본의 지역사회에서 생활하는 주민을 축으로 — 역주] 행정 관청에 생활환경 개선을 위한 민원을 제기하고자 하니 지원해 달라고 요청했다. 그러나 민족단체로부터의 회답은 이씨의 기대를 저버리는 것이었다. '우리들은 훌륭한 조국이 있기 때문에 일본의 행정에 무언가를 요구하는 한심스러운 행동은 하지 않는다.' 이것이 민족단체로부터의 회답이었다. 당시 민족단체에게 가장 중요한 것은 '조국 통일'이었다.

1972년은 한국과 북조선이 전격적으로 '7·4 공동성명'을 발표, 통일의 확실한 제1보를 내디딤으로써 세계를 놀라게 한 해였다. 재일 조선인 사회가 이를 금방이라도 조국 통일이 될 것 같은 환호 속에 받아들이고 각지에서 다양한 행사가 열린, 그런 시기였다. 그때 재일 조선인 사회운동은 '조국 통일 없이는 재일 조선인의 해방도 없다'라는 정치주의의 전성시대였다. 이런 상황에서 일개 재일 조선인 주거지역의 생활환경 문제는 당시의 민족단체에게는 하찮은 문제일 뿐이었다.

그러나 '조국 지향 일변도'의 주장은 이씨에게는 어떤 설득력도 갖추지 못한 것이었다. "나리아이라는 시골구석에서 정보가 적었던 탓인지는 모르지만, 우리들에게 '7·4 공동성명'은 아주 먼 이야기였다고 생각합니다." 이렇게 이씨는 회상한다.

"기존 단체에 의지해도 소용없다. 우리 스스로 하지 않으면 안 된다. 스스로 만들어 나가지 않으면 안 된다." 이씨는 이렇게 생각해 '무궁화회'를 결성하기로 마음먹었다.

'다카쓰키 무궁화회'는 이렇게 다카쓰키시 제6중학교와 제8중학교에서 재일 조선인 교육 실천을 경험한 고등학생들이 '재일 조선인으로서의 삶의 방식을 모색하는 공간'으로서 1972년에 만들었다. 월 1회씩, 중학교를 졸업한 뒤 자신들이 직면하고 있는 다양한 문제와 '재일 조선인 문제'를 중심으로 논의가 거듭되었다. 지도자도 없이 더듬어 가는 상황에서도 월례회는 유지되었다.

'무궁화회'는 지역 어린이들의 비행(非行) 문제, 혹은 상하수도 미설치 같은 행정적 문제 등 '자신들의 주변 문제 해결에 노력을 기울이면서 '조국'도 생각해 보자는 모임'이었다. 자이니치의 일상생활에 뿌리내린 운동'이라는 방향은 그때까지의 '조국지향'적 재일 조선인 사회운동과 성질이 전혀 다른 것이었다. 이러한 '무궁화회'의 활동에서, '어린이회 활동'도 태어났던 것이다.

4. 민족 정체성의 딜레마

1970년대는 재일 조선인 한사람 한사람의 내면과 재일 조선인 사회 안에서도 자이니치 2세들이 독자적인 정체성의 모색을 시작한 시기였다. 1세 중심이었던 그때까지의 재일 조선인 정체성관(觀)과 변화하는 현실 세계의 단절이 2세를 중심으로 의식되기 시작했던 것이다.

일본은 1979년에 국제인권규약에, 1982년에는 난민조약에 가입했다. 그리고 그해 '출입국관리 및 난민인정법'이 시행됐다. 이로써 오랜 기간 재일 외국인을 적용 대상에서 제외했던 국민금융공고(國民金融公庫)·주택금융공고(住宅金融公庫)의 융자, 공영주택의 입주, 그리고 국민연금이나 아동수당 등 사회보장의 문이 열렸다. 또 재일 조선인 가운데 종전(終戰) 이전부터 일본에 살고 있던 사람으로, 한일조약 체결 때 '협정 영주자격'을 얻지 못한 사람에 대해서는, 신청자에 한해 특례로 '일반 영주자격'을 주는 조치가 강구되었다.

이러한 시책은 1952년 샌프란시스코 강화조약 발효 이후 '귀국하는 대상'이었던 재일 조선인의 지위를 '정주하는 대상'으로 전환한 것이라고 보아도 좋을 것이다. 그리고 이즈음 일본에서 태어난 재일 조선인이 전체의 8할을 넘게 되었다. 이와 더불어 재일 조선인의 의식도 크게 바뀌었다. '우리들은 일본인과 똑같은 방식으로 생활하고 있다. 같은 교육을 받고, 같은 유행을 좇으며, 같은 시대를 공유하고 있다. 일본인과 마찬가지로 이 사회의 구성원이다.' 이것이 1980년대 재일 조선인의 새로운 의식이었다. 모국어를 말하지 못하는 데 대해서도, 전에는 '본래는 말하지 못하면 안 된다'는 식이었지만, '말할 수 없다고 해서 무엇이 나쁜가. 조선어를 말하지 못하는 조선인이 있어도 괜찮지 않은가'라는 생각이 자연스러운 것으로 받아들여졌다.

이들은 '재일 조선인' 또는 '민족'이라는 틀만으로 자신들의 존재가 설명되는 데 대해 위화감을 갖는다. 일본인 사회에도 '재일 조선인으로서의 자신'이 아니라 '개인으로서의 자신'으로 봐 달라, 이렇게 요구하는 세대였다. 이런 의식 변화를 배경으로 이즈음부터 재일 조선인으로서의 집단적 정체성을 과시하기보다는 '개인으로서의 정체성을 존중한다'는 주장이 제기됐으며, 재일 조선인의 정체성이 다양화됐다는 점도 지적되었다. 지금까지 민족을 인간의 본질적인 요소로 파악했던 재일 조선인관(觀)의 세계에서는 '이론'(異論)이었던 주장이 '시민권'을 획득하기 시작한 것이다.

재일 조선인 어린이들은 '조선인'을 열등하고 꺼림칙하게 보는 일본 사회의 가치 의식을 내면화하고, 일본 사회의 차별 속에서 조선 민족이라는 주체를 빼앗겨, 자신의 본래 모습을 볼 수 없게 되고 만다. 따라서 아이들 세대는 민족의 유래에 관해 각성하면서 비로소 부정적인 의식을 극복하고 일본 사회의 멸시에 맞서 살아갈 수 있다[6]는 것이 지금까지의 논리였다. 이 세계에서 재일 조선인의 정체성은 일본 사회의 동화 압력에 대항하기 위한 '저항 수단'이자, 일본 사회의 차별과 억압에서 벗어나기 위한 '해방 수단'이었다. 그러나 1980년대 이후 이 말이 안고 있는 '모순'이 차츰 드러나기 시작했다.

예를 들어 이 말의 '성차별' 측면이 지적됐다. 재일 조선인 1세가 전개한 '민족해방운동'의 경우, 그 일을 짊어진 사람들은 예외 없이 남성이었다. 그들은 밖으로 용감하게 민족의 해방을 외쳤으나 안으로는 여성이나 어린이를 억압하기도 했다. 재일 조선인 1세 남자들은 일본 사회에서 받은 억압을 그대로 자신의 처나 아이들에게 휘둘렀다. 때문에 재일 조선인 여성이나 아이들에게 '해방'은 일본 사회의 민족차별에서의 '해방'과 함께, 남편이나 아버지의 물리적 정신적인 폭력이 지배하는 '집'이나 '민족'에서의 해방도 의미했다. 주로 1세가 담당했던 '해방운동'은 이런 커다란 모순을 품고 있었다.

또 재일 조선인 가정에서 이어 나가는 민족의례의 경우에 '성차별' 측면이 짙게 남아 있다. 선조 공양 의식인 제사를 주관하는 것은 남성뿐으로, 여성은 '아랫사람'에 지나지 않는다. 남자들이 의례를 엄숙하게 진행하는 동안 여성들은 부엌에서 요리를 만든다. 의례가 끝난 다음 남자들이 음식과 술을 볼이 미어지게 먹을 때, 여자들은 여전히 요리를 할 뿐이다. 이것을 여자의 당연한 구실로 생각하고 누구도 그 노동을 중요하게 평가하지 않고 위로하지도 않는다.

또 가계도인 족보는 조선 가부장제의 구조를 그대로 나타내고 있다. 족보에 기재되는 것은 원칙적으로 남자뿐으로, 여자는 고유명사(이름)로서 실리지 않고 남편 이름 옆에 가늘고 작은 활자로 '○○(아버지 이름)의 딸'이라고 기재될 뿐이다. 족보를 볼 때 주체로서 존재하는 것은 남자뿐이고, 여자는 마치 '인간 이하의 존재'처럼 다룬다. 이는 조선의 봉건적 유교사상 그 자체라는 것이다.7)

이른바 '귀화인'으로 불리는 일본 국적으로 변경한 사람들이나, 한국 국적 또는 조선 국적인 동포와 일본인 사이에 태어난 '혼혈인'에 대한 평가에도 모순이 있다. 지금까지 그들은 민족적 정체성이라는 말로 이룩된 세계에서는 '불순한 자들'이라는 부정적인 평가를 받았다.

1971년 귀화했지만 그 뒤 호적 원부(原簿)의 일본 이름을 조선 이름으로 되돌리려는 소송을 제기, 1987년 승소했던 한 일본 국적의 조선인 남성은 다음과 같은 경험을 했다.

> 나는 애써 동포 청년이 모이는 곳에 가거나, 동포 청년 단체에 들어갔다. 하지만 동포들의 운동에 관여하면 관여할수록 주변에서 이상하게 여겼으며, 마침내 내가 '귀화'한 사람이라는 것을 알게 되면 '너는 이제 일본인이어서'라며 참여를 거절했다. 그래도 활동을 계속하면 '스파이'라는 의심을 받았고, 동료들은 멀어져 갔다.[8]

자이니치 젊은이들은 스스로 부정적 인식을 극복하기 위해 '민족의 자각과 긍지의 확립'을 시도한다. 그러나 이 민족적 정체성이 안고 있는 모순에 직면하게 된다. '동화냐 민족이냐'라는 양자택일의 정체성 선택을 하는 가운데, '귀화인'이나 '혼혈인'을, 그리고 그 밖의 소수자를 배제시켰다는 점을 의식하기 시작한다. 일본 사회의 동화 압력에 대항해 자신을 해방시키기 위한 민족적 정체성이었던 것이, 자이니치의 세대교체가 진행되는 가운데 언제부터인가 자신과 타자를 억압하고 소외시키는 기능을 하게 돼 버린 것이다.

재일 조선인의 민족적 정체성은 일본 사회의 동화와 억압에 대한 저항과 해방의 수단이었다. 그러나 이 말이 안고 있는 모순이 차츰 드러나기 시작했다. 세대교체가 진행되는 가운데 그 말의 범주를 뛰어넘는 '귀화인' 혹은 '혼혈인'이라고 하는 사람들이 출현하기 시작했다. 그들은 똘똘 뭉친 민족 정체성의 세계에서는 '일탈자'이자 '불순한 존재'라고 부정적 평가를 받았다. 그러나 이런 사람들은 이제 수적으로도 무시할 수 없는 존재가 됐으며, 지금까지의 민족상과는 다른, 새롭고 복합적인 정체성을 제기하는 존재로서 관심을 모으게 되었다.

근대에 형성된 '민족'이나 '문화'를 본질로 보는 견해는 그 '진정성'(眞正性)이나 '순수성' 주장 때문에 여러 가지 억압적인 측면이 부각돼, 현재 그 가치관에 대한 자성이 요구되고 있다. 세계적으로 진행되고 있는 탈구축(脫構築), 탈근대(포스트모던)의 조류는 이런 근대적 가치관에 대한 대립명제(antithese)로, 재일 조선인의 민족적 정체성도 예외는 아니다.

지금까지의 민족적 정체성론(論)으로부터 벗어나려는 시도는, '우리들은 이미 이 사회에 정착하고 있다. 조선의 문화에 대해선 아무것도 모르고 조선 반도에는 아무 기반도 없어, 우리들은 이미 조선인이 아니다. 조선인임을 고집하는 것은 우리들의 인간적인 해방에서 족쇄에 지나지 않는다'는 주장을 정당화하는 측면도 동시에 갖는다. 이런 측면에 대한 위기감도 지적됐다.

민족이란 기억이라고 간단히 말하는 사람도 있지만, 기억이라고 한다면 그건 눈을 과거에 두고 있는 것입니다. 역사는 기억인 동시에 현실이라는 것이 내가 강조하고 싶은 점입니다. …… (그들은) 예전에 텐노제(制)라는 것이 있었고 조선인은 혹독하게 다루어지고 차별당했다는 기억이 있기 때문이라고 하든가 일본에 아직도 차별이 남아 있다는 수사(修辭)를 사용합니다. 이미 조선인으로서 경험한 피차별이나 피억압을 기억으로, 과거의 일로 돌려도 좋다고 하는 말이 됩니다. 그러나 그건 매일매일 되풀이되며 쌓이고 있는 현실이라는 점이 중요한 문제라고 나는 생각합니다.[9]

재일 조선인의 정체성은 딜레마에 직면하고 있다. 민족이나 문화의 본질주의로부터 탈구축(脫構築)을 지향하는 '비본질주의'는 주류 사회의 지배문화가 객체화한 '본질'을 날조, 즉 창출된 것이라고 비판했다. 하지만 피억압자 자신이 주체적으로 '본질'이라고 말하는 것에 대해, 똑같은 논리로 '그것은 본질주의다'라고 단호하게 비판할 수 있는가 하는 것이 문제다.[10]

민족적 정체성을 확립함으로써 동화라는 압도적인 힘에 저항하려는 자에게 "우리는 '민족'을 이유로 부당한 대우를 받고 있지만, 지향하는 것은 어디까지나 '민족'의 해방이 아니라 '개인'의 해방이다"11)라는 말은 설득력을 가질 수 없다. 오히려 그것이 일본 사회의 시스템을 도와주는 것이 되고 만다는 점은 충분히 생각할 수 있다.

'개인의 존중'은 분명히 필요하다. 그러나 민족으로서 받고 있는 현실의 억압에 대해, 편의적이기는 하지만 민족으로서 마주 대하지 않으면 실천적 해결로 연결되지 않는다. 그래서 근대 본질주의의 억압성에 대한 항의의 목소리로 제기된 비본질주의이지만, 그 사고방식을 추구해 나가다 보면 마침내 민족적 정체성의 확립이라는 수단에 따라 사회의 억압 상태에 대항하려고 하는 자들을, 오히려 억압하고 마는 딜레마에 빠지게 된다.

'재일 조선인은 끊임없이 문화적으로 집단살해[genocide]를 당했기 때문에, 민족의 일원으로서 자격을 상실했다, 너희들은 이제 민족이라는 주장을 내려놓고 기정사실을 받아들여라.' …… 이렇듯 받아들이기 어려운 기정사실을 수용하라는 식의 압박에 쫓겨 온 것이 재일 조선인 등 소수자의 처지라고 생각합니다. 앞으로 기정사실을 받아들이지 않겠다는 자세가 오히려 "조선인의 '국민성'으로서, 과거에 지

나치게 구애되는 것이고, 원칙에 대한 지나친 고집이며 그
것은 '민족'이라는 관념과 환상에 지배되고 있다"고 공격당
하게 됐다고 나는 생각합니다.12)

그들은 이렇게 묻는다. "'집단적 정체성이 허구다'라고
한다면 이것이 해체됐을 때, 그 결과 도대체 무엇이 남을
것인가? 억압성을 띤 민족적 정체성은 분명히 해체될 필
요가 있다고 하지만 일본 사회의 재일 조선인에 대한 차
별과 배제의 체계가 변함없이 지속되고 있는 것 또한 사
실이다. 우리들은 도대체 어떤 '무기'를 가지고 이에 대치
(對峙)하면 좋은가?"

비본질주의로 일관하면서, 억압적인 본질주의를 피하
기 위해, 다원적인 '이종혼효[異種混淆, 서로 다른 종이
뒤섞임 – 역주]성(性)'이나 '크레올성(性)', '디아스포라성
(性)'을 적극적으로 평가하면서 민족적 정체성이 의지에
따라 구성되고 다뤄질 수 있다는 점을 강조함으로써, 민
족적 정체성을 고정시키려는 정체성의 정치역학을 비판
하는 주장이 지지를 얻어 왔다. 그러나 이러한 전략은 월
경성(越境性)과 디아스포라성을 이념화해 버린다거나,
혹은 거꾸로 구식민지 문화의 크레올성을 실체적인 이상
으로 삼게 됨으로써 '식민지주의의 공범'이라는 비난을
면하기 어렵게 된다. 즉 식민지 지배로 '디아스포라'가 될

수밖에 없었던 이민이나 난민이 고향의 전통문화에 회귀함으로써 본래의 정체성을 회복하려고 할 때, 이에 대한 비판 개념으로 디아스포라성이나 크레올성을 강조하는 것은 어렵게 된다.[13]

　'정체성 선택의 자유'가 탈구축류(脫構築流)로부터 인기가 있다. 그러나 그것을 규정된 외적 조건 아래서 인정된, 조건 없는 순수한 자유라고 반드시 말할 수는 없다. 오히려 원자화하는 선택의 방향성[다수자 사회가 제시하는 약간 폭이 넓어진 선택의 다양성 – 역주]에 구조적으로 맞춰져 있다고 생각해 볼 수 있다. 왜냐하면 민족적 정체성의 해체는 현재의 정체성의 정치역학 강화(다수자 사회의 정체성의 정치역학을 강화시켜 준다는 의미 – 역자)로 연결되기 때문이다.

　분명히 지금까지의 민족적 정체성이 개인을 억압하는 기능을 한 것도 사실로서, 거기에서 탈출하는 것은 중요하다. 그러나 집단적 정체성의 '필요성'까지 부정할 수는 없다. 부정해야 하는 것은 필연적 정체성일 뿐, 필요에 따른 '전술적 정체성'은 오히려 적극적으로 옹호해야 하는 것은 아닐까.[14]

　재일 조선인이라는 인간 분절의 실재성을 부정하려고 하면, 현실의 차별이나 폭력을 낳는 구조가 온존하게 된다. 저항하고 이의를 제기할 때는 이런 분절에 의거해 내부의 연대를 굳건히 하지 않으면 안 된다. 해체해야 하는 것에 의거하지 않을 수 없는 재일 조선인은, 민족을 '실재'로 볼 것인가 '구축'으로 볼 것인가의 곤란한 선택에 당면해 있다.

5. 민족교육이라는 마당〔場〕으로의 권유

　　재일 조선인의 지금까지의 정체성은 '조국 지향적'이었다. 이를 상대화한 '재일 지향적'인 재일 조선인관(觀)이 2세를 중심으로 주장되기 시작했다. 이러한 재일 조선인 정체성관(觀)의 변화는 교육 이념에도 영향을 미쳤다. 지금까지의 민족상을 다른 각도에서 파악하려는 시도는 교육 현장에서도 주목을 받게 되었다.

　　예를 들어 오사카에서는 20년에 걸쳐서 '조선에 대한 바른 인식을 기르는 교육 실천'이 이루어졌다. 그것은 재일 조선인 어린이들이 자기 자신을 직시하면서 조선에 대한 왜곡된 시각을 전환, 스스로를 긍적적으로 보며 삶을 개척해 나가도록 하는 것이었다. 실천이 시작돼 20여 년이 지난 현재, 어린이들의 의식도 크게 변화했다. 재일 3세, 4세의 시대를 맞아 의식이나 삶의 방식도 다양해졌다. 교사들은 처음에는 '어린이들에게 커다란 충격을 주었는데 이제는 반드시 그렇지 않다'는 것을 실감하기 시작했다. '3세와 4세의 다양한 의식이나 삶의 방식과 그 배경을 주시하면서 현실에 부응하는 학교 교육이 다시 요구된다'15)는 문제의식이 싹트기 시작했다.

재일 한국·조선인 교육에선 지금까지 문화라고 할 때 대표적으로 떠오르는 이미지로는 치마저고리나 바지저고리 등 민족의상을 입고, 장구 같은 민족악기를 연주하며, 조선어로 인사하는 등 의식주나 언어생활과 관련된, '표면적'인 부분이 많았다고 생각한다. 그러나 재일 한국·조선인의 문화라고 할 경우 민족의상이나 조선어, 민족악기만으로는 실생활의 차원으로부터 지나치게 유리되어 버린다. 지금까지는 오히려 이러한 유형화한 틀 속에 재일 한국·조선인을 집어넣는 작업을 해 왔던 것인지도 모른다.16)

또 최근 교육 현장에선 '일본 국적의 재일 조선인 학생'이 늘어나고 있어 커다란 문제가 되고 있다. 1985년 (일본) 국적법 개정으로 부모의 어느 한쪽이 일본 국적이면 그 아이들은 일본 국적을 취득할 수 있게 되었다 (부모 양계주의). 1994년에 출생한 아이들 가운데 부모가 모두 한국 또는 조선 국적인 경우가 전체의 약 35퍼센트를 차지한다. 이 아이들은 한국 또는 조선 국적을 갖게 된다. 반대로 부모의 어느 한쪽이 일본 국적인 아이들은 전체의 6할 이상을 차지한다. 국적법 개정의 영향으로 이 아이들 대부분은 일본 국적을 갖게 될 거라 생각한다. 바꿔 말해 지금은 한국 또는 조선 국적의 아이들보다 일본 국적의 아이들이 압도적으로 많이 태어나고 있는 것이다. 1975년의 통계에서는 한국 또는 조선 국적의 사람과 일본인의 결혼은 5할 정도였다. 그러나 지금은 재일 조선인의 8할 이상이 일본인과 결혼하고 있다. 일본 국적을 갖고 있는 아동 학생의 증가는 이후 더욱 가속화할 것이라고 생각된다.

지금까지 재일 조선인 교육에서는 '민족＝국적'이라는 생각이 암묵적으로 받아들여져 왔다. 이는 재일 조선인 사회의 의식을 반영한 것이다. 바꿔 말해 '귀화'는 곧 '일본 사회로의 동화(同化)'로 여겨져, 재일 조선인 사회에서 긍정적인 평가를 받지 못했다. 심지어 일본인 교사 사이에서도, 일본 국적 취득은 동화를 촉진하는 것이며 재일 조선인 교육의 패배라고 보는 시각이 있었다. 그러나 최근 일본 국적을 갖고 있는 아동 학생이 늘어나고, 일본 국적이면서도 재일 조선인으로 살겠다고 하는 사람들이 나타남으로써 지금까지의 견해를 다시 생각하지 않을 수 없게 되었다.

지금까지는 '국적'이 이른바 민족의 정체성을 구현하는 형태로써 구실을 했다. 하지만 지금은 그런 기능을 하지 못하고 있어 재일 조선인 교육을 담당하는 쪽도 민족적 정체성의 의미를 다시 정립해야 할 필요성을 느끼게 되었다.

이와 같은 이유로 교사들은 '이전에 통용되었던 상식이 더 이상 통용되지 않는다'는 의식을 강하게 갖게 됐다. 이들은 '일본 사회와 한국·조선인 사회의 변모를 통해 21세기를 향해 재일 한국·조선인 교육을 바라볼 필요가 있다'고[17) 생각했다.

이제까지 자신들의 교육 실천은 '자이니치 어린이들의 '민족적 정체성'을 자명한 것으로 생각한 결과, '민족'이라는 틀로 반드시 포착할 수 없는 어린이들 한사람 한사람의 개성을 억압하지는 않았는가.' 이런 물음이 교육 현장에서 들려 왔다. 소중히 해야 할 것은 '민족의 정체성'이 아니라 '개인의 정체성'이 아닌가라는 것이다.

그러나 여전히 일본 사회에서 재일 조선인의 총체(總體)에 대한 '차별과 억압의 체제'가 존재하고 있는 것 또한 사실이다. '개성의 중시를 주장함으로써 재일 조선인 학생들의 연계를 끊어 뿔뿔이 흩어지게 해, 일본 사회에 현존하는 차별의 관행을 온존시키는 데 손을 빌려주는 것은 아닐까.' 교사들 또한 이런 의문과 갈등의 한가운데 서 있다.

다음 장에서는 민족 정체성이 갖는 딜레마와 그 극복 가능성을, 오사카부 다카쓰키시의 재일 조선인 아동 학생을 대상으로 한 어린이회 활동 사례 조사를 근거로 밝혀 나가고자 한다.

제5장

재일 조선인 어린이회(子ども會)의 세계

1. 민족 어린이회(子ども會)의 실천

다카쓰키시의 재일 한국·조선인 학생을 대상으로 한 어린이회의 활동은 1970년 무렵 제6중학교에서 시작되었다. 이어 여기서 자라난 '재일' 청년들이 1978년 조직한 '다카쓰키 무궁화회'가 재일 조선인 집중 거주지역의 어린이들을 모아 '지역 어린이회'를 시작했다. 이렇게 해서 다카쓰키시에 재일 조선인 어린이회 사업의 기초가 마련됐다.

'다카쓰키 무궁화회'의 구성원은 14살부터 18살까지의 중학생과 고등학생이었다. 무궁화회는 나리아이(成合) 지구 집회소에서 재일 조선인이 안고 있는 문제에 대해 학습회를 열었고, 다카쓰키시 교육위원회와 예산 지원 교섭을 벌였다. 무궁화회는 ① 활동 장소의 개축 ② 놀이 장소와 놀이 도구 ③ 조선을 학습하기 위한 책 ④ 활동비 ⑤ 어린이회 지도원의 신분 보장 ⑥ 자동차 운전면허증 취득 비용의 부담 ⑦ 장학금 제도의 확립 ⑧ 비품 등을 요구했다. 교섭 결과 시교육위원회는 활동비와 학습비로 연간 10만 엔을 예산으로 배정하겠다고 회답했다(1972년). 여기에는 다카쓰키 6중학교의 교사와 다카쓰키시

교직원 조합의 지원이 있었다. 예산 교섭은 1973년 3월에도 있었다. 그 결과 1973년도 예산으로 30만 엔을 확보했다[일본의 회계연도는 매년 4월에 시작한다 – 역주].

1985년까지 어린이회 사업은 무궁화회 회원과 뜻있는 교사들이 운영했다. 그들은 이러한 교육 사업을 행정적 제도적으로 보장해 달라며 다카쓰키시와 교섭을 벌였다. 마침내 1985년 다카쓰키시 교육위원회는 '학교어린이회'와 '지역어린이회'를 포함하는 어린이회 사업을 시교육위원회의 공식 사업으로 받아들이겠다고 결정했다. 이에 따라 교육위원회의 사회교육부 안에 '재일 한국·조선인 교육사업'이라는 전속 기구가 설치되었다.

지역어린이회 활동은 1978년에 시작됐다. 무궁화회에 모인 청년들은 이렇게 생각했다. 이제까지는 청년이 되어서야 민족차별이나 한국·조선에 관한 것을 배웠다. 그러나 그것은 너무 늦다. 좀더 어릴 때부터, 한국·조선에 관한 지식을 습득해야 할 필요가 있다. 재일 조선인의 사회적 처지를 알고 현실에 맞설 수 있는 강한 자세가 필요하다. 이른바 '차별에 대한 면역'의 필요성을, 그들은 자신들의 성장기를 되돌아보며 절실히 느꼈던 것이다.

나리아이는 삼면이 나지막한 산에 둘러싸인 계곡 사이에 한국·조선인만으로 이뤄진 마을이 점점이 흩어져 있는 지역으로서, 인적 교류가 아주 적어, 어떤 의미로는 닫혀 있는 세계였다. 지역 주민의 직업은 쇄석장(碎石場)이나 토목 관계 일이 90퍼센트로, 어린이나 청년들은 외부 세계에 대한 장래 희망을 품기 어려운 상황이었다. 그래서 재일 조선인이든 일본인이든 되도록 많은 사람들과 교류하게 함으로써 미지의 세계에 대한 지식과 미래의 꿈을 더욱 풍부하게 할 필요가 있다고 생각했다. 이 시기에 많은 사람들이 모임에 호응해 나리아이에서 빈번하게 교류회가 열렸다. 많을 때는 주 2~3회 열렸다.

1979년 무궁화회는 시 직원 채용시험의 국적 조항 철폐 운동을 시작했다. 당시까지 다카쓰키시는 외국인을 사무직원으로 채용하지 않았다. 민간기업들도 '시청에서 한국·조선인을 고용하지 않기 때문에 우리 회사도 고용하지 않는다'고 둘러댔다. 시가 외국인을 채용하지 않는다는 사실이 민간기업 '취업 차별'의 핑계가 되고 있었던 것이다. 어린이회 활동을 통해 어린이들이 '민족적인 자각과 긍지'를 갖도록 했지만, 사회에 한걸음 내디뎠을 때 재일 조선인으로 살아나갈 길이 막혀 있다면, 어린이들에게 밝은 장래 희망을 갖도록 한다는 어린이회 활동의 취지가 무색해진다. 따라서 시 직원 채용 시험의 국적 조항은 어떻게 해서라도 철폐되지 않으면 안 된다고 청년들은 생각했다.

다카쓰키시와 벌인 국적 조항 철폐 교섭은 심야까지

이어진 적도 있었다. 끈기 있는 교섭 끝에 1980년부터 국적 조항을 철폐하기로 결정했다. 재일 조선인의 사회생활이나 어린이들의 진로·직업 선택을 생각할 때 이것은 대단히 큰 진전이었다. 현재 다카쓰키시에는 5명의 한국적·조선적 사람이 공무원으로 일하고 있다.

1978년 나리아이에서 시작된 어린이회는 같은 해 벳쇼(別所) 지구에서도 결성되었다. 1982년에는 기타조노초(北園町)의 재일 조선인 주거지역에서도 어린이회가 발족했다. 무궁화회는 나리아이, 벳쇼, 기타조노초 등 재일 조선인이 모여 살고 있는 세 지역에 어린이회를 만드는 것을 목표로 했다. 1982년 기타조노초에서 어린이회가 발족, 일단 목표는 이뤘다. '기타조노 어린이회'는 그 뒤 이름을 '중앙 어린이회'로 바꾸어, 기타조노초의 어린이들은 물론 시내에 흩어져 살고 있는 자이니치 어린이들을 대상으로 활동의 폭을 넓혀 갔다. 활동이 확산됨에 따라 행정기관의 제도적 보장이 더욱 필요해졌다. 마침내 시교육위원회는 1982년 5월 '재일 한국·조선인 문제에 관한 교육 기본 방침'을 제정하기에 이르렀다.

어린이회 활동은 1985년에 정식으로 교육위원회 사업으로 이관됐다. 현재 지역 어린이회에서는 매주 월요일, 수요일, 토요일 저녁 4시에서 6시, 7시에서 9시까지 초등학생부와 중학생부가 각각 활동하고 있다. 이러한 일상적인 활동과는 별도로 3개 지역의 어린이들이나 다카쓰키 시내 다른 지역에 살고 있는 재일 어린이들의 '특별행사'도 열리고 있다. 특별 행사는 재일 어린이들에게 만남의 장을 마련, 교류의 폭을 깊게 하기 위한 것으로 방학 등을 이용해 치르고 있다.

어린이회 활동의 구체적인 내용으로는 재일 조선인 문제에 관한 학습과 교과 학습, 그리고 스포츠 활동이나 레크리에이션 등이 있다. 연간 주요 특별 활동으로는 신입생 환영회(4월), 다카쓰키시 재일외국인교육연구협의회 주최의 '고학년 봄 교류회'(5월)와 '저학년 봄 교류회'(6월), 재일외국인연구협의회 주최 '여름 캠프', 고교생회 '여름 캠프'(7월), '다카쓰키 축제 퍼레이드' 참가, '어린이 캠프', 중학생 공부 합숙(9월), 다카쓰키 반핵 평화 페스티벌(10월), 대야유회, 재일외국인연구협의회 주최 '노래와 춤의 모임'(11월), 2학기 반성회, 중3 진로 합숙(12월), 중학생 교류회(1월), 초등학교 5~6년생 교류 합숙, 재일 외국인 어린이 잔치(2월), 합동 소풍, 졸업생 송영회(3월) 등이 있다.

학교 어린이회는 교구(校區, 학군) 안에 재일 조선인 집단 거주지역이 있는 학교를 중심으로 현재 3개의 초등학교와 5개의 중학교에 설치되어 있다. 원칙적으로 주 1회, '학교 교육과정 외 특별 활동'으로 인정돼 열리고 있다. 학교 어린이회의 목적이나 내용은 기본적으로 지역 어린이회와 같지만, 일본인 학생에 대해서도 재일 조선인 문제의 이해 등 국제 이해 교육을 실시하고 있다는 점이 지역 어린이회와 다르다고 말할 수 있다. 따라서 지도는 교사가 주체가 되고 재일 조선인 지도원이 이를 보조하는 형태로 이루어진다.

이러한 어린이회 사업을 기획·입안해 추진하는 기구로 '재일 한국·조선인 교육 사업'이 있다. '교육 사업'은 현재 3명의 전임 담당자와 2명의 비상근 직원으로 구성·운영되고 있다.

다카쓰키시에는 또, 앞서 언급했던 '다카쓰키시 재일외국인교육연구협의회'라는 조직이 있다. 이것은 교원이 구성하는 연구 협의 단체로, 앞서 말한 '재일' 어린이 학생 교류회나, 시 전체의 문화 발표회 등을 주최하고 있다. 다카쓰키시에서는 이처럼 학교 교육과 사회 교육의 형태로, 전시적(全市的)인 '재일 한국·조선인 교육 사업'이 전개되고 있다.

다음에서는 어린이회에서 지도했던 재일 조선인 청년들, 과거에 어린이회 활동에 학생의 처지로 참가했던 청년들, 그리고 현재 어린이회에 참가하고 있는 어린이 등 3자의 인터뷰와 어린이회의 참여 관찰을 통해 '어린이회의 세계'를 더 선명하게 드러내 보이고자 한다.

2. 어린이회 활동이 지향하는 것
　　- 지도원의 민족관과 교육관

　어린이회의 지도원을 했던 자이니치 청년들은 스스로의 정체성을 모색하던 가운데, 재일 조선인 교육에 대한 이상과 실천을 공감해 지도원으로 참여하기 시작했다.
　지도원은 20대 또는 30대의 재일 조선인과 일본인 청년들로 구성되었다. 여기에서는 '재일 조선인 지도원은 어떤 재일 조선인관이나 교육관을 가지고 매일매일 어린이들과 생활했는가, 그리고 그들이 그렇게 생각하게 된 배경에는 어떤 체험이 있었는가'를 그들의 말을 통해 밝혀보고자 한다.
　강민춘(康敏春, 20대, 재일 3세, 남성) 씨는 오사카시에 인접한 시에서 태어났고 주위에 일본인 이웃뿐인 생활환경에서 자랐다. 그가 다녔던 중학교에는 재일 조선인 학생을 대상으로 한 '민족학급'이 있었다. 그 지역엔 재일 조선인이 많이 살고 있었다. 종전 직후에 '한신교육사건'이 일어나 재일 조선인과 오사카부가 협정을 맺어 재일 조선인이 많이 다니고 있는 중학교에 '민족학급'이 설치되었다. 강씨가 다닐 때에도 재일 1세인 남자 교사가 있었다. 그의 직책은 명목상 '민족학급 강사'였지만 그때 민족학급은 사실은 개설되지 않았고 그 강사는 다른 과목을 담당하고 있었다. 그래서 강씨는 민족학급에서 민족문화 교육을 받은 경험이 없다.

강씨가 '민족의 자각과 긍지의 육성'을 지향하는 그때까지의 민족교육에 대해 어떤 생각을 가지고 있었는지 들어보자.

민족문화라는 것 없이 살아왔지요. 내가 종종 들어 기억하고 있는 것은, 기분이 찌뿌드드하거나 초조할 때 장구나 북을 치면 스트레스 해소까지는 아니더라도 속이 시원해진다는 것이었지요. 나도 뿌리를 거부하는 것은 아니니까 마찬가지가 아닐까 하는 생각이 들었습니다. 초조하다든지 불안할 때 그렇게 하는 게 좋지 않을까 생각하면서도 한편으로는 현실 도피가 아닌지 하는 생각도 들었습니다. 사회생활을 하는 사람들이 나쁜 일이 생기면 술을 마시는 것과 같은 이치가 아닌가 하고 생각했지요. 민족학교나 민족강사는 곧잘 말합니다. '장구나 북을 칠 때 정말 밝은 표정을 짓게 됩니다'라고. 그렇다면 학급에서도 밝은 표정을 지으라고 말하고 싶습니다. 그건 현실 도피가 아닌가 싶습니다[저자는 민족학급의 강사와, 민족주의에 저항감을 갖고 있는 어린이회의 지도원은 서로 다른 생각을 갖고 있다고 설명한다. 이 인용문은 강씨가 지도원으로서 민족학급 강사의 생각에 동의하기 어렵다는 점을 강조하고 있는 것이라고 한다 - 역주].

고광명(高廣明, 30대, 재일 3세, 남성) 씨는 긴키[近畿, 교토와 오사카를 중심으로 한 2부 5현 - 역주] 지방의 한 현(縣) 출신으로 재일 조선인이 모여 사는 지역에서 태어나 자랐다. 대학에 들어가 본명을 쓰기 시작했지만 고등학교 때까지는 일본 이름을 사용하면서 재일 조선인이라는 사실을 주위 사람들에게 숨겼다. 진학한 대학에는 재일 조선인 차별 문제에 맞서 싸우고 있는 자이니치 선배가 있었다. 고씨는 그의 권유로 재일 조선인 문제에 몰입하게 되었다. 고씨는 지금까지의 민족교육에 대해 다음과 같이 말한다.

주변의 상황이 변하지 않았으니까 재일 조선인은 강해져야 한다는 발상을 하게 됐죠. 일본인과 같이 살아가지 않아도 된다는 생각 말이죠. 이는 '(일본인이야 좋은 사람이든 나쁜 사람이든지간에) 자신만 좋은 사람이라면'이란 말이 되지 않습니까. '민족성 육성'을 주장하는 지금까지의 민족교육자들은 해방을 말합니다. 그들이

> 자기 자신을 해방시킨다면 그것은 훌륭하겠지만, 과연
> 그러합니까? 차별이라는 현실에서 '민족성'이라는 것을
> 구실 삼아 도피하는 것은 아닌가 합니다. 그들의 주장으
> 로 어린이들이 정말 해방되는 것인지…….

강씨도 고씨도 민족적 자각과 긍지를 고양하기 위해 민족문화를 가르치는 교육이 일본 사회 현실에서 '도피'가 되고 마는 것이 아닌가 하는 의구심을 갖고 있다. 재일 조선인에 대한 '차별·편견'에 어떻게 대응해 나가야 하는지를 빼놓으면 자신답게 살아간다는 것이 불가능하다고 그들은 생각한다. 재일 조선인들이 '차별·편견'이 초래한 제도적인 차별, 혹은 편견을 내면화시켜 차별은 싫다고 생각하면서도 자신을 인정받지 못한 채, 조선인이어서 어쩔 수 없이 살아간다는 생활 방식을 갖고 있는데 민족문화 교육을 통해 민족의 긍지를 갖게 함으로써 이를 극복해 나가자는 것은 정합성(整合性)이 결여된 것으로, 본질적인 해결책이 아니라고 생각한다.

그렇다면 그들은 민족문화를 전수하는 교육을 몽땅 부정하는 것인가. 실제로 그들은 민족악기의 연주 방법을 배워 어린이회 행사 때 어린이들에게 가르치거나 발표를 하도록 도와주고 있다. 이럴 때 그들은 어떻게 절충하는 것일까. 고씨는 다음과 같이 말한다.

극단적으로 말하면, 장구나 조선어도 필요 없다고 생각합니다. 애처로운 이야기입니다만, 스스로 누구인지 모르는 척하면서, 자신이 누구인지를 숨기지 않으면 안 된다고 생각하는 조선인 어린이들에게 '이제 가슴을 펴고 살아가지 않으면 안 된다'고 말하고 싶습니다. 그 어린이들이 싱그럽게 자라나는 데 장구나 조선어가 수단이 된다면, 그리고 그것을 수단으로 하여 최종적으로 본명을 사용하면서 살아가게 된다면 좋겠지요. 그 순서는 상관없습니다. 최종적으로 본명으로 살아갈 수 있고, 그리하여 자신의 처지를 숨기지 않고 살아갈 수 있는 상황이 된다면 좋은 것이니까요.

이들에게 민족악기나 민족언어의 습득은 그 자체가 '목적'이 아니다. 자이니치 어린이들이 자신들의 현실과 사회적 처지를 인식하고 그것을 '수용'하며, 그 상황에서 도피하는 것이 아니라 직시하면서 그 상황을 자신의 처지를 분명히 하는 계기, 혹은 현실과 씨름해 나가는 '수단'이라고 여기고 있는 것이다. 그들은 '민족문화'를 민족구성원으로서의 '증명'이나 '본질'이 아닌, 어디까지나 어린이들의 더 나은 삶을 위한 '도구'로 생각하고 있는 것이다.

그들 지도원은 많은 학교나 자치단체의 이문화(異文

化) 이해 또는 국제 이해 교육에 초청돼 민족악기를 연주하는 경우가 많다. 강씨는 처음 지도원이 됐을 때 "여러 사람 앞에서 민족의상을 입고 악기를 연주하는 것이 정말 싫어서 어찌할 바를 몰랐다"고 말한다. 그러나 어린이회 지도원에게는 그러한 구실이 요구되었다. 지금은 그것을 '진지한 자세로 하는 수밖에 없다'고 생각한다.

'민족의상을 입고, 민족악기를 연주하는 조선인'—이것은 일본(인) 사회가 재일 조선인에게 적용한 '정형'(定型)으로, 재일 조선인에게는 '객체화한 본질'이다. 그들은 개인적으로 '민족문화를 체현(體現)하는 자신'이 좋다고 하지는 않지만, 조선 문화와의 접촉이 재일 조선인 문제를 이해하는 계기가 될 것으로 생각해 일본인 교사들의 요구를 받아들여 민족악기를 연주한다. 이는 수용할 수밖에 없었던 '객체화한 본질'을 그들 나름의 의도와 문맥에서 주체적으로 활용하는 '수단'으로 전환시킨 것이다. 즉 '보이는 존재'에서 '보여주는 존재'로의 전환이다.

그러나 '보여주는 쪽'의 이러한 의도와 '보는 쪽' 교사들의 생각 사이에는 종종 괴리가 생기곤 한다. 재일 조선인 청년들이 내면에 품고 있는 중층적 상황은 일본인 교사들에게 좀처럼 전달되기 어렵다. 눈앞에서 민족의상을 입고 민족악기를 연주하는 이들, 그들이 '조선인'이며 '재일 조선인'이라고 생각하기 쉽다. '조선인＝치마·저고리·

▶ 오사카부 도요나카시에 사는 재일동포 4세 어린이들이 2004년 여름 도요나카시 교육위원회가 주최하는 하기학교에서 민족악기를 배우고 있다. [사진제공 : 나카가와 히토시(中川一志), 마사코(正子). 두 사람은 부부로, 나카가와 히토시 씨는 다카스키시 중학교 전 교사로 퇴직, 마사코 씨는 도요나카 시립초등학교 교사로 재직 중]

장구'라고 안이하게 연결시키는 문화 본질주의에 대한 반발과 실제 활동과의 타협을 그들은 이렇게 말한다.

오양자(吳良子, 30대, 재일 3세, 여성) 씨는 오사카부 동부에 위치한 한 시의, 재일 조선인이 비교적 많이 생활하고 있는 지역에서 태어나 자랐고 초등학교 4학년 때 오사카부 안의 다른 시로 이사했다. 거기서의 생활환경은 이전과는 달리 주위에 일본인뿐인 상황이었다. 오씨의 학군 안에는 동화(同和) 지구[천민으로 다뤄져 온 역사를 가진 부라쿠민 등이 사는 지구—역주]가 있어 학교에서 동화 교육이 활발하게 이루어졌다. 이 때문에 재일 조선인 문제에 관한 학습 시간도 많았다. 오씨에게도 교사들의 다양한 권유가 있었다. 오씨는 그러나 고교 시절까지 자신이 재일 조선인이라는 것을 주위의 친구들에게 밝히지 않았다. 그러다가 고교 3학년 때 교사의 권유로 전조교(全朝敎：全國朝鮮敎育硏究集會)의 고교생 모임에 참가했다. 거기서 같은 재일 조선인 고교생들과 서로 본명을 부르는 마당[場]·관계와 만나게 된다.

오양자 씨는 대학에 진학해서 '반차별'을 축으로 일본인 학우와 함께 노력하는, 재일 조선인 문제 학습의 마당[場]을 만드는 일에 정열을 쏟았다. 이처럼 '반차별'을 중심으로, 재일 조선인 문제를 생각하는 모임은 당시 각지의 대학에서 만들어졌다. 이러한 모임이 만들어지기까지 각 대학에는 재일 조선인 학생 중심으로 운영되는 모임이 있었다. 이런 모임은 원칙적으로 회원을 재일 조선인으로 한정했다. 이런 모임에서는 재일 조선인 학생이 '민족의 자각과 긍지'를 갖는 것을 중심 과제로 삼았으며, '동포 사이의 유대'를 소중하게 여기지 않으면 안 된다고 생각했다. 혹은 '남북 조선의 통일'을 위해 자이니치 학생이 무엇을 할 것인가 하는 '본국 지향적'인 자세로 활동했다. 오씨의 대학에도 그러한 모임이 있었다. 오씨는 그 모임에서 활동하고 있는 자이니치 선배의 권유를 받아 참가하게 되었다.

> 모임 활동의 하나로 어학 공부를 열심히 했습니다. 처음에는 일대일로 주 4회 한다든지 했습니다. 정말 우리말은 소중하다는 생각이었지요. 어학 공부는 그것 자체로 싫어하지 않았습니다. …… 문화 활동에 대해 말하자면, 체육관을 빌려서 민족단체 가무단 사람에게서 전문적으로 배웠어요. 아리랑 고개의 무언가라는 입간판을 세웠는데 가무단 언니들도 왔습니다. 말이면 말, 무용이면 무용, 모두 재미있었습니다.

고교 3학년 이전까지는 재일 조선인 친구를 사귀지 못하다가 고교 3학년이 되어서야, 전조교(全朝教)에서 같은 처지에서 같은 생각을 공유하는 친구를 사귀게 된 오씨에게 모임 선배들과의 유대와 그곳에서 우러나는 동료의식이나 공동체 의식은 기분 좋은 것이었다. 그러나 오씨가 '생각'을 공유하고 싶다고 생각한 대상은 재일 조선인 학생뿐만은 아니었다. 오씨에게는 일본인 친구들과 같이 재일 조선인 문제를 생각하고 노력해 나가고 싶은 마음이 있었다.

나는 일본인 학생과 같이 무언가 진척시켜 나가는 것
이 또 하나의 중요한 활동이라고 생각했습니다. '민족문
제론'이라는 수업이 있었지요. 수업 내용이 '반차별'에 초
점을 맞추고 있었기 때문에 수강생들이 모여 자주적으
로 모임을 만들었습니다. '수강생회'가 만들어졌는데 그
곳이 나의 기본적인 활동 공간이었지요. (이미 가입했
던) 모임에는 일단 회원을 조선인으로 한정하자는 전제
가 있었지요. 그래서 두 군데 모두 들어가 활동했습니다.

오씨의 이러한 생각은 '동포간의 유대'를 가장 중요하
게 생각하는 모임 회원들로부터 반발을 불러일으켰다.
오씨는 모임의 자이니치 학생들의 사고방식과 자신의 지
향성 사이에 존재하는 격차로 고민했다.

자주 논제가 되었지요. '일본인 애'(日本人の子)들과
같이 활동하는 것을 부정하는 말을 듣곤 했어요. "우리
와 같은 조선인들이니까 같이 하자고 말하는데, 왜 너는
'일본인, 일본인'이라고 말하고 다니지?"라든가 "너는 귀
화에 대해서는 어떻게 생각하지?"라는 말을 듣곤 했습
니다. 외등법(外登法, 외국인등록법)의 지문 문제 등 내
가 '반차별' 주장을 펴려고 하면, 자이니치 선배들은 "'반
차별' 운운하기 전에 조선인이라는 것을 소중히 할 필요

가 있지 않느냐"고 말하곤 했습니다. '차별이 있어서 조선인인 것은 아니지 않느냐'고 했지요. 무언가 상당한 반발을 불러일으키곤 했어요.

모임에 나오는 자이니치 학생들에게 외국인등록법상의 지문 날인 의무 거부나 공무원 시험의 국적 조항 철폐 운동은, '일본인과 동등한 권리를 요구하는 운동'이었기 때문에 재일 조선인의 일본 사회로의 '동화'를 초래하는 것으로서 경계심과 반발감을 불러일으켰던 것이다. 재일 조선인은 '일본인과 동등한 권리를 요구'할 것이 아니라, 조선인의 민족적 독자성을 주장하면서 재일 조선인끼리 유대를 소중히 할 필요가 있다고 그들은 생각했다. 자이니치 모임의 학생들이 오씨에 대해 품게 된 반발심은 1970년 이후 시작된 '자이니치 지향'의 재일 조선인 운동에 대한 경계심이기도 했다. '민족공동체'를 가장 중요한 것으로 여겼던 그때까지의 재일 조선인 운동으로서는, '일본인과 함께' 재일 조선인의 차별 대우를 개선하자는 '반차별' 이념을 재일 조선인끼리의 결속이나 재일 조선인 '동포' 사회의 '붕괴'와 일본 사회로의 '동화'를 초래하는 것으로 볼 수밖에 없었다.

재일 조선인 사회 운동권이나 민족교육계는 '민족의

연대'를 가장 소중하게 여겼다. 그러나 이러한 민족공동체로의 권유(誘い)는 그 집단의 성원이 암묵적으로 공유하고 있는 가치관을 새로운 성원도 공유하게끔 강요하는 것이 된다. 민족공동체로의 권유는 그것을 공유할 수 없는 자이니치 청년들에게는 오히려 구속적인 압력을 느끼게 하는 결과를 낳았다.

'재일 조선인은 좋은 존재다'라는 말을 들으면 들을수록 '음, 무언가 잘못됐군'이라는 생각이 듭니다. 이른바 민족주의라고 할까. 국적이야 어떻든지 간에 기본적으로 인간은 다 같은 인간이죠. 조선인이 좋은 사람이라고 해서 일본인은 나쁘다고 할 수 있습니까. 저는 부라쿠민 어린이들이나 장애인 어린이들과 만나면서 이런 생각을 갖게 됐습니다. 그런 가운데 제 자신의 태도를 갖게 됐다고 생각합니다…….

강씨의 말은 이어진다.

주변에 '우리 동포'가 있기를 바라지 않았습니다. 한국인 친구가 필요하다고 생각하지 않았습니다. 한국·조선인이어서 좋다고 생각한 적이 있냐고요? 없습니다. 실제로 일본 사회에서 재일 조선인이라는 것은 손해를 볼 때가 많은 조건이지요. 재일 한국·조선인이어서 좋다라는 말은 차별이 없는 상태에서야 비로소 할 수 있을 겁니다. …… 어쩔 수 없지 않습니까. 자이니치라는 건, 태어날 때부터 정해진 것이니까요. 저항하려야 저항할 수도 없는 것이니 받아들일 수밖에 없지 않습니까. 나는 여기까지였습니다. 그것을 받아들였을 때 '동포의 일원'이라는 사실에서 피난처를 구하려 하지 않았어요. 국적으로 친구가 되는 것도 아니고…….

강씨에게 자기실현은 '재일 조선인'이 아닌 '한 인간'의 자기실현이었다. 단지 보통의 인간으로 자유롭게 살면서 자기 나름대로 삶을 일상의 노력으로 쌓아 나가는 곳에 토대를 두는 것이었다.

자신의 처지를 인식할 수 있을 것인가 못 할 것인가. 부정적으로 인식할 것인가, 체념적으로 인식할 것인가. 아니면 이런 모든 것을 전부 받아들여 인식할 것인가. 자신이 지금 어떤 처지인지 알지 못하면 안 됩니다. 결혼할 때나 취직할 때는 누구라도 알게 됩니다. 하지만 (뒤늦게) 알게 되면 어찌 해야 좋을지 대응이 안 되지요. 누구도 대신 살아줄 수는 없습니다. '자신의 사회적 처지를 안 뒤에 어떻게 살아갈 것인가.' 빨리 현실을 인식하고 그것을 직시할 수 있는 사람으로 길러내지 않으면 안 된다고 생각합니다. 민족교육이란 이런 것이 아닐까요. …… 이와 함께 꿈이나 이상을 좇는 것도 상호 모순되는 것은 아니라고 생각합니다. 이런 어린이들을 길러내지 않으면 안 된다고 생각합니다.

다카쓰키시의 무궁화 어린이회 활동과 무궁화회가 펼쳐 나가고 있는 '반차별' 운동을 통한 재일 조선인 교육에 대해 비판이 없는 것은 아니다. 비판은 주로 지금까지의 '민족성 육성' 교육에 더 공감하는 사람들이 제기한다. "반차별 운동 결과 다양한 권익을 획득한다고 해도 그것은 '일본인과 같아졌다'는 것에 지나지 않는다. 재일 조선인으로서 독자적인 존재가 확립되는 것이 아니다. 재일 조선인이 '일본인과 동등한 권리'를 요구하는 것은, 재일 조선인 사회에 등을 지고 일본 사회에 동화되는 것"이라는 주장이다. 이러한 비판에 대해 고씨는 다음과 같이 말한다.

조선인이라는 것에 대한 손해 의식을 바꾸어 나갈 때는 자신의 행동과 내면의 양면에서 자기 자신과 싸우지 않으면 안 됩니다. 최종적으로 민족성이라는 것 없어도 본명으로 살아갈 수 있으면 좋지 않은가요? 벽에 부딪

히지 않고 살아갈 수 있다면, 어떻게 살아도 상관없지요. 일본에서 조선인이 없어진다 해도 할 수 없다고 생각합니다. 물론 흔적은 남겨야 한다는 생각은 들지만요. …… 결과적으로 '일본인과 같게'라는 말이 될지 모르지만 일본 사회에서 생활할 때 있어야 하는 권리, 예를 들면 직업 선택에서 자신이 하고 싶은 것을 찾아 그것을 추구할 수 있다면 최선에 가까운 상태라고 생각합니다.

강씨나 고씨가 제기하고 있는 문제는 '민족의 실체란 무엇인가'라는 것이다. 그들에게 '민족'이란 '피의 연결'이나, '전통문화에 뿌리를 내린 동족 의식' 같은 것은 아니었다. 오히려 그들은 '차별 받고 있다'는 사실 자체를 '민족의 내실(內實, 실질)'로 여기고 있는 것이다. 민족을 피의 본능으로 파악하지 않는 이러한 견해는, 바꿔 말하면 민족의 '본원성'을 부정하는 것이 된다. 이런 의미에서 그들의 민족관은 속류(俗流) 반인종주의와도 다른 것이다. 속류 인종차별주의에서 '인종·민족'은 실재적(實在的) 불변적인 것이다.

특정의 인종·민족을 '실체'로서 차별하는 인종차별주의에 대해, 그러한 실체를 본원적으로 받아들이면서 반대하는 것이 속류 반인종차별주의의 특징이다. 그러나 그들에게 '민족'은 이와 다르다. 차별되고 있기 때문에 '민족'

이라는 것이 있으며 이를 포착하기 위해 '민족의 자각'을 가져야 한다는 것이다. 그래야 '민족의 실재성'을 '차별의 실재성'으로 바꿔 놓을 수 있게 되며, '민족'이라는 것에 대단히 편의적인 정의를 부여할 수도 있게 되는 것이다. 오씨는 다음과 같이 말을 잇는다.

할아버지와 할머니가 일본에서 살게 된 이야기를 듣고, '아, 그런 역사가 있었구나' 하고 생각했습니다. 아버지가 그것을 조심스레 말해 주었을 때도 이런 것이 어떻든 '민족심'(民族心)이 되는구나 싶었죠. 나 자신에게 '조국'이란 이런 일까지도 포함하는 것입니다. 또 이것이 내 정체성의 근원이 된다고 생각합니다. 이것은 부인할 수 없는 사실이고 그대로 받아들이고 싶습니다. 이런 이유로 조선인이라는 사실을 소중히 하고 싶은 거죠. 민족교육도 마찬가지이고요. 이건 '반차별' 같은 게 아닙니다. 부모의 살아가는 모습이나 옆얼굴을 골똘히 볼 때 사람을 소중하게 여기지 않으면 안 된다고 느끼게 됩니다. …… 하지만 이것만으로는 외톨이일 뿐이죠. 다른 사람들과 함께 여러 가지 생각을 나누면서 사이좋게 지내는 것, 차별이 비정상적이며 사람이 배제되는 사회가 비정상적이니 이것을 바꾸어 나가려 하는 것, 바꿔 나가는 과정에서 (인간)관계가 형성되는 것이 정말 근사한 일 아닙니까. 그런 인간관계가 중요한 것이 아닌가 생각됩니다.

오씨는 '민족문화 교육'이냐 '반차별 교육'이냐 둘 가운데 하나를 선택하는 것은 바람직하지 않다고 생각한다. 재일 조선인이 갖고 있는 민족적 독자성을 주장하면서, 또 한편으로는 일본 사회에 존재하는 권력관계를 고려한 관점이 이제부터 자이니치 어린이들을 교육하는 데 필요하다고 한다.

민족교육이라는 게, 한국노래도 좋고, 말[言語]이라도 되고, 살아가는 모습이어도 되고, 무엇이라도 좋다고 생각합니다. 왜냐하면 우리가 '문화'라고 하는 것뿐만 아니라 살아가는 모습 그 자체도 문화이기 때문입니다. 구체화하거나 정립돼 있는 '문화'뿐만 아니라 인간의 모습이 함께 있는 것이기만 하면 됩니다. 장구 하나만 봐도, '어릴 때, 보잘 것 없었지만 집에 장구가 있었지' 하면서 연결이 되기도 하고 그것이 뿌리가 되기도 합니다. 하지만 지금 어린이들에겐 그런 일은 적기 때문에 하나하나 교육해야 하는 형편입니다. 노래와 춤 모임이나 학교에서 장구를 배웁니다. 그래서 의미가 바뀌고 있습니다. 이제 전승 문화 운운하기보다는 스스로 만들어 나가는 시대가 됐으니까요.

오씨의 말에서 느낄 수 있는 것은, 오씨에게 '민족'은 단지 전통문화를 이어 갈 뿐인 수동적 존재가 아니라 그들 나름의 새로운 '문화'를 창조해 나가는 능동적인 존재라는 점이다. 이를 더 일반화해 말한다면 오씨에게 민족적 정체성은 고정적이고 정적(靜的)인 것이 아니라, 상황에 대응하여 끊임없이 재구성되는 가변적인 것으로 받아들여지고 있다는 것이다.

지금까지의 경직된 재일 조선인 정체성에 대해서는 누구나 무언가 답답하다고 느꼈다. 그러나 이러한 위화감이 재일 조선인의 정체성에 대한 '전면부정'은 아니다. 그들은 자이니치 1세의 삶의 모습에서 자신들의 뿌리를 찾으려 하거나, 민족문화를 익히고 배우는 데서도 그 나름의 의의를 찾고 있다. 그들이 불안하게 느끼는 것은, 개개인의 재일 조선인이 처한 현실과 괴리된 채 오히려 재일 조선인 개개인을 일원적(一元的)인 틀 속에 끼워 넣는 '관제 재일 조선인 정체성'이다.

지금까지의 재일 조선인상에 대한 비판 속에서 '차별과 싸우는 재일 조선인'이라는 새로운 자이니치의 상(像)이 나타났다. 재일 조선인이 직면한 문제는 '조국 통일'로 해결되는 문제, 또는 본국의 문제가 우선시됨에 따라 부차적이고 자질구레한 문제로 여겨져 왔다. 일본 지역사회에서 살아가는 자이니치의 생활 개선 요구는 "우리들은 훌륭한 조국에 긍지를 느껴야 하고, 일본 정부에 '희망 사항'을 제기하는 것은 비굴하고 한심한 자세"라고 배척돼 왔다.

여기서 재일 조선인이 자신들이 처한 현실을 직시하고 사회적 처지를 자각하면서 그 '차별적 상황'을 개선해 나가는 운동에 주체적으로 참여하는 '반차별'의 자세, 그리고 이것을 중심에 놓는 교육의 필요성이 제기됐다. 이러한 교육은 '사회적 처지를 자각해, 차별에 맞서 나가는 재일 조선인상'을 추구하고 있다. 이는 지금까지의 재일 조선인상과는 다르다. 이른바 현대사회를 사는 새로운 재일 조선인이라는 민족상을 창조하는 것이라고 말할 수 있을 것이다.

민족적 정체성에 대한 지도원 청년들의 정의(定義)는 대단히 유연성이 풍부한 것이었다. 그들은 '어린이회'도 이러한 정체성을 길러내는 곳이 돼야 한다고 생각했다. 그러나 지금까지의 견고한 재일 조선인 정체성을 상대화한 새로운 민족상은, 일본 사회의 차별과 억압 체제에 맞서 저항할 때 새로운 딜레마를 낳기도 했다. 이런 상황을 어린이회 참가 경험이 있는 청년들의 입을 빌려 밝혀 나가고자 한다.

3. 재일 청년들의 어린이회 경험

정학철(鄭學哲) 씨

　정학철(31세, 재일 3세, 남성) 씨는 주변에 재일 조선인이 거의 없는 지역에서 태어나 자랐다. 정씨는 중학교에 들어가서야 처음으로 어린이회 활동을 접했다. 그가 다닌 중학교는 이경제 씨 등이 다닌 시립 제6중학교였다. 교사들은 학철 씨를 포함한 재일 조선인 학생들에게 어린이회에 적극 참여하라고 권했다. 학철 씨가 어린이회에 참가하게 된 것은 1학년이 끝나갈 무렵이었다. 학철 씨는 주위 친구들에게 자신이 재일 조선인이라고 밝히지 않았다. 어린이회에 참가하는 것은 재일 조선인이라는 사실을 주위에 밝히는 것이기도 했다. 처음에는 교사들의 권유를 거절했던 학철 씨지만 교사들의 열성에, 마지못해 어린이회에 들어가게 되었다.

　　나는 별로 가고 싶지 않았습니다. 조선인이라는 사실이 들통 나는 것이 싫었기 때문이죠. 일본인 친구가 주위에 없는지 확인하고 어린이회 교실에 들어가곤 했습니다.

교사들은 자이니치 학생들에게 재일 조선인이 현실을 직시해야 하며, (현실에서) 도망쳐서는 안 된다고 강조했다. "(재일 조선인이라는 사실을) 숨기며 살고 있을 때였기 때문에 첫걸음은 먼저 사실을 밝히는 것이었습니다. 강제적인 면도 있었지만 '모두 도와주기 때문에' 밝혔습니다. 억지로 시작했지만 한번 떼밀려 하게 되자 점점 전향적으로 바뀌더군요"라고 학철 씨는 말한다.

1학년 마지막 학년 집회에서 학철 씨는 전교생 앞에서 재일 조선인이라는 사실을 밝히는 '입장선언'을 했다. 그리고 이를 계기로 본명을 쓰기 시작했다. 본명을 쓰면서 학철 씨의 학교생활은 크게 바뀌었다. 주위의 눈을 의식하지 않고 어린이회에 적극적으로 참가하게 되었다.

밝히고 나니까 (종기가) 터져 나온 듯 일시에 편해지더군요. 열심히 하자는 생각도 들었습니다. 사실을 밝힌 게 나 하나만이 아니었고, 선생님도 곁에 있었으니까…….

자이니치라는 사실을 숨기고 살 때는 늘 소극적이었다. 뭘 해도 적극적으로 주장을 펴지 못했다. 그러나 자이니치라는 사실을 밝히고 나서는 변했다. 그 뒤 자신의 뜻을 분명히 주장하게 됐다고 학철 씨는 말한다.

고등학교에 진학한 학철 씨는 무궁화회가 주최하는 '고교생 부회'에도 적극적으로 참가했다. 학철 씨가 고교생이었던 1980년대 초에는 외국인등록법의 지문 날인 제도 철폐를 요구하는 '날인 거부 운동'이 맹렬하게 전개되었다. 당시 외국인들에게 지문 날인은 의무였다. 자이니치 고교생들에게도 이 문제에 어떻게 대응할 것인가가 커다란 토의 주제였다. 매회 진지한 논의가 전개됐다.

학철 씨는 고교 3학년 때 우체국 외무직에 응시하기로 결심했다. 1983년까지 우체국 직원 응시 자격은 일본 국적자로 한정되어 있었다. 이른바 '국적 조항'이었다. 그러나 재일 조선인을 중심으로 한 '국적 조항 철폐 운동' 덕분에 1984년도부터 외무직원에 한해서는 국적 조항이 철폐되었다. 그러나 직접적인 계기는 오사카부의 야오시(八尾市)에 재일 조선인 청년 2명이 직원으로 채용된 것이었다. 당시 다카쓰키시에는 외국 국적 우체국 직원은 한 명도 없었다. 마침내 학철 씨는 다카쓰키시의 첫 번째 외국인 우체국 직원이 되었다. 학철 씨가 우체국 직원이 됐다는 사실은 다카쓰키시에서 재일 외국인의 진로와 직업 선택에 커다란 사회적 의의를 가진 것이었다.

우체국 직원이 된 그는 정신적인 압력에 힘들었다고 한다. 자신이 일을 잘 하지 못하면 '정학철이 못한다', 그렇게 끝나지 않고, 재일 조선인은 일을 잘 하지 못한다는 평가가 내려지지 않을까 늘 긴장했다고 한다. 하루 일을 끝내고 무궁화회 사무실에 들러 지도원이나 어린이들의 말소리를 옆에서 들으며 소파에서 잠드는 나날이 계속되었다.

우체국은 이제까지 자신을 길러준 사회와는 전혀 다른 세계였다. 학철 씨는 다음과 같이 말한다.

'무궁화회'라는, 어떤 의미에선 마음 편한 곳에서 나와 아무 것도 모르는 곳으로 나아간 것이죠. 과연 재일 한국인인 자신이 헤쳐 나갈 수 있을까, 주변의 일본인이 자이니치를 어느 정도 이해해 줄 것인가, 하는 두려움이 처음엔 상당했습니다. 하지만 긴장을 늦춰서는 안 된다고 늘 생각했습니다. (기대에) 부응하지 않으면 안 된다고, 나는 단순히 '한 명의 직원'으로서가 아니라, (재일 조선인이라는) 사회적 존재로서, 내 처지를 잊어서는 절대로 안 된다고 생각했습니다.

강정신(姜正伸) 씨

강정신(28세, 재일 3세, 남성) 씨는 나리아이(成合) 지역에서 태어나 자랐다. 친구들은 모두 정신 씨가 자이니치인 것을 알고 있었다. 정신 씨는 초등학교 시절부터 어린이회에도 적극적으로 참가했다. 그리고 전교생 앞에서 어린이회 활동 보고를 하는 등 중심적인 구실을 했다. 초등학교 시절에는 일본식 이름을 쓰면서 생활했다.

'어린이회가 있어 거기에 간다.'[등산가 조지 말로리가 산에 가는 이유에 대해 '산이 있어 산에 간다'고 한 말을 이용한 표현─역주]. 정신 씨에게 어린이회 참가는 이처럼 자연스러운 일이었다.

중학교에 진학하자 다른 초등학교에서 진학해 온 학생도 많았기 때문에 정신 씨가 재일 조선인이라는 것을 처음에는 모르는 사람이 많았다. 그는 2학년 때 교사나 어린이회 지도원 누구와도 상담하지 않고 전교생 앞에서 '입장선언'을 했다. 그리고 이때부터 '어린이회에 참가하는 의미'에 대해 깊이 생각했다. "본명(한국식 이름) 사용에 관해서 선생님이나 지도원의 권유 등은 특별히 없었습니다. 저는 스스로 생각한 것은 누구와도 상담하지 않고 해 버리는 편이거든요. 어린이회가 없었다면, 솔직하게 말해 불안한 일이었지요. 지탱해 주는 것이 없었다면 좀처럼 쉽지 않은 일이었을 겁니다"라고 정신 씨는 당시를 되돌아보면서 이야기했다.

초등학교 시절까지는 어린이회에서의 구실을 아무런 의문 없이 받아들였다. 하지만 이때부터 자신의 존재 방식을 바로잡고자 했다. 예를 들면 매년 새로운 학년이 시

작될 때 정신 씨는 자기소개를 하면서 재일 조선인으로
서 갖고 있는 자신의 '생각'을 말했다.

　　매년 4월(일본에서 새 학년이 시작되는 달) 모두들 앞
에서 자기소개를 하지 않으면 안 된다, 자신을 나름대로
속속들이 내보이지 않으면 안 된다, 그런 힘들고 어려운
느낌이 들었지요. 정말로 긴장했습니다. 여러 의미에서
속박이라는 것이 많았다고 생각됩니다.

　　이렇게 중학교 시절을 보낸 정신 씨는 고등학교에 진
학해서도 고교생 부회에서 열심히 활동했다. 그의 고등
학교 시절 역시 지문날인 거부운동이 고양된 시기였다.
정신 씨도 날인 거부를 선택한다. 정신 씨는 고교생으로
서는 첫 '날인 거부자'였던 탓에 언론의 주목을 받았으며
텔레비전에 나오기도 했다.

　　주변에서 나에게 걸고 있는 기대에 부응하지 않으면
안 된다는 생각이 있기는 했습니다만, 나의 경우 이런
것에 꽤 익숙해져 있었다고 할까, 익숙해져 있었기 때
문에……

정신 씨는 당시의 자신을 되돌아보며 이렇게 말한다.

　정신 씨는 고등학교를 마친 뒤 4년 동안 어린이회 지도원 생활을 했다. 그는 그것이 좋았는지 어땠는지에 대해서는 의문이라고 말한다.

　　줄곧 이런 세계였지요. 어린이회에서도, 학교에서도, 지역에서도 이런 세계만 보아온 셈이죠. 지도원은 그 연장선이라고나 할까요. 세상을 잘 몰랐다고 할까, 그런 점이 있었다고 생각합니다. 저는 '운동권의 엘리트'였습니다. 이 점은 어린이회를 할 때부터 느끼고 있었습니다. 그래서 그만둘까 생각했던 적도 있었지요. …… 말을 바꾸면 저는 '착한 아이'로 자라 온 것입니다. 본명을 선언했고 지문날인 거부운동도 했습니다. 그 속에서 내 스스로 얼마나 주체적으로 사고했는지를 되돌아볼 때, 그저 흘러가는 대로 흘러 온 면도 있습니다.

　정신 씨는 지도원 일에 종사한 뒤 일반 기업에 취직했다. 어린이회와 이질적인 세계에 들어감으로써 보고 느낀 것이 많았다.

　　(판단이) 어렵기는 합니다만, 미지근한 물이랄까 온실이랄까, 지역에서 자라난 어린이들을 이런 장소에서 기르는 것은 그렇습니다. 하지만 다른 한편으로 이런 장소

마저 없다면, 세상이나 학교에서 긴장감뿐이라면, 어린이들은 무너져 버리겠지요. 어렵습니다.

일본 사회의 '차별'로부터 어린이들을 보호하는 구실을 하는 어린이회. 그 세계에 있는 한 상처 받는 일은 적지만, '외부 세계'를 향한 야심이나 외부 세계에 대한 적응력을 약화시킬 수도 있는 '위험성'. 정신 씨는 '어린이회 세계'가 가진 양면성을 냉철히 보고 있다고 할 수 있다.

홍인일(洪仁一) 씨

홍인일(26세, 재일 3세, 남성) 씨는 현재 우체국 직원으로 근무하고 있다.

인일 씨가 자라난 지역에는 어린이회가 있었다. 그가 다닌 초등학교와 중학교에도 학교 어린이회가 있었다. 인일 씨는 초등학교 때부터 어린이회 활동에 적극 참여했다. 그는 어릴 적부터 "재일 조선인이라는 사실이 싫다고 생각한 적은 한 번도 없었다"고 한다. 초등학교 어린이회 시절, 재일 조선인인 것이 싫다고 하는 친구들이 많았는데 인일 씨는 그러한 기분을 알 수 없었다고 한다.

어린이회에 오는 것이 싫다든지, 어린이회에 가지 않

으면 안 되기 때문에 조선인인 게 싫다고 하는 아이들도 있었고, 조선인이어서 놀림감이 된다든지 하는 이야기도 듣곤 했습니다. 이런 말을 들으면서 '어, 그런 놀림감이 되다니! 조센진이라는 말을 들으면 되쏴 주면 되지.' 처음에는 이런 식으로 생각했습니다. 차별을 받은 적이 없어서요.

그래서 인일 씨는 자신이 재일 조선인이라는 것을 전혀 숨기지 않았다. "오히려 주변의 친구들과 이질적인 존재라는 쾌감조차 있었다"고 한다.

어린이회는 자이니치 어린이들에게, 일본 사회의 현실 속에서 자신들이 처해 있는 사회적 처지를 정면으로 마주하도록 요구하는 곳이었지만, 인일 씨에게는 '마냥 재미있는 곳'이었다. "심각한 이야기가 있어도, 그건 그것대로 알게 돼 좋았다"고 말했다. 그의 어린이회 체험은 다른 많은 자이니치 어린이와는 다르다.

인일 씨는 "그래서 오히려 곤란한 점이 있다"고 말한다. 예를 들면 최근 인일 씨는 교사 연수회에 초대 받는 경우가 많다. 연수회에 참석하면 자신의 성장 내력을 말해 달라는 요청을 받곤 한다. 그러나 자신은 '이야기할 만한 피차별 체험'이나 '차별을 극복한 체험'이라고 할 만한 것이 없다고 말한다.

차별 체험 등을 (연수회 프로그램에) 끼워 넣겠다는 의도가 있지요. 하지만 실제로 내게 그런 것이 없었고, 분명히 말해서 지금까지 조선인이라는 사실을 싫다고 생각한 적도 없고…….

강연회 등에서 암묵적으로 요구하는 것은 "고난의 차별 상황을 극복, 지금은 본명으로 열심히 살고 있습니다"라는 각본이라고 인일 씨는 말한다.

인일 씨는 중학교 2학년이 되면서 그때까지 사용하던 일본 이름 대신 본명인 민족이름을 사용하기 시작했다. 그러나 그 변화는 그렇게 극적인 것은 아니었다. 그의 민족이름은 이미 친구들에게 알려져 있었기 때문에 일상생활에서는 친구들이 민족이름을 별명처럼 부르기도 했다. '항상 민족이름으로 일상생활을 하고 싶다'는 희망은 인일 씨의 마음속에서 자연스럽게 생겨난 것이었다. 또 인일 씨는 "어린이회에 참가하는 것이 자이니치인 자신의 의무"라는 생각도 없었다. 인일 씨에게 그곳은 단지 '재미있는 장소'였다. '지적 장애'를 가진 누이동생에 대한 생각을 바꾸어준 것도 어린이회 활동이었다.

어느 날 장애 아동에게 정상 아동이 차별 발언을 하는 사건이 일어났다. 이를 계기로 어린이회에서도 '장애인 문제'에 관해 학습하는 시간이 마련됐다. "인일의 누이동생은 장애인이 아닌가. 그렇다면 친구의 누이를 너는 차별할 것인가?"라는 식으로 말이 시작됐다. 인일 씨는 사실 그때까지 누이동생의 일을 그다지 심각하게 생각하지 않았다. '누이동생은 장애인이 아니다'고 생각해 왔다. 그러나 여기에는 누이동생을 '장애인'이라는 범주에 넣어 생각하고 싶지 않다는 것과 함께 장애를 가진 누이동생의 존재를 직시하지 않으려는 심리도 있었다.

　　누이의 존재는 내 의식 속에 어떤 형태로든 자리잡고 있었다고 생각됩니다. 그런 기회가 없었다면 나 역시 '차별하는' 쪽의 인간이 됐을 거라고 생각합니다. 어린이회를 매개로 여러 가지를 알 수 있었지요. 자이니치 문제도 그랬지만 장애인 문제나 부라쿠 문제도 알게 됐습니다. 내가 이런 문제를 알게 된 계기는 어린이회라고 생각합니다.

인일 씨는 자신이 참가하던 때의 어린이회에 현재보다 상호 직선적인 교류가 더 많았다고 회상한다. "인일아, 너의 누이를 어떻게 생각해?"라는 식으로, 이를테면 심각하지만 속마음을 그대로 내보이는, 그런 관계가 있었다. 어린이회에 모이는 자이니치 어린이들은 학교뿐만 아니라 서로의 가정 사정, 각자가 품고 있는 고민거리도 잘 알았다. 어린이회는 이러한 '개인적인 문제'도 서로 털어놓고 해결해 나가자는 분위기였다. "그러나 지금의 아이들은 다르다"라고 인일 씨는 말한다.

요즘 아이들은 재일 조선인끼리도 서로의 고민을 털어놓으려 하지 않는다. 개인적인 문제는 어디까지나 개인적인 문제일 뿐, 무언가를 공유하려 하지 않는다. 이러한 자이니치 어린이들이나 어린이회의 분위기에 인일 씨는 위기감을 갖는다. '다양화'라는 이름 아래 분산화(分散化)되는 자이니치 어린이들. 이것이 결국 '개인의 자립'으로 연결될 것인가, 아니면 현존하는 '차별과 억압 구조'에서 '도피'가 될 것인가, 그 결과는 좀처럼 예측하기 어렵다.

가나이 고지(金井浩二) 씨

가나이 고지(26세, 남성) 씨는 재일 한국인 2세인 아버지와 일본인 어머니 사이에서 태어난, 이른바 '다부루'(혼혈) 청년이다. 그는 자신을 '일본 국적의 재일 조선인'이라고 표현한다. 고지 씨는 시내의 재일 조선인 집단 거주지에서 자랐다. 초등학교 때부터 어린이회에 적극 참가했다. 고교 진학 뒤에도 고교생 부회에 참가했으며 졸업한 뒤에는 일을 하며 고교생 부회의 지도원으로 활동하고 있다.

고지 씨는 고등학교 때까지 어린이회 활동을 '수동적
으로 했다'고 생각한다. "프로그램이 결정돼 있었습니다.
입학하면 여러 사람 앞에서 자이니치인 것을 밝히는 게
제도화돼 있었기 때문이죠. 하지만 지문 날인이라든가
선생님이 말한 것을 이해했었는지는 의문입니다. 고민하
는 것도 본인, 책임지는 것도 본인인 그런 체제였습니다.
게다가 저는 '다부루'이지 않습니까. '나는 당사자가 아니
다'라는 의식이 있었던 것이 사실이지요. 그래서 나는 어
떻게 해야 할지 몰랐던 적도 있었습니다"고 말한다.

어린이회 활동에서는 '대화'에 많은 시간을 할애한다.
본명을 말하는 것의 의의, 졸업 뒤의 진로, 학교생활 속
에서 직면하는 재일 조선인으로서 고민 등 다양한 주제
를 놓고 자이니치 학생들이 서로 생각을 토로한다. 재일
조선인으로서, 같은 처지의 동지들끼리 문제를 공유해
해결의 길을 찾으려는 것이다. 고지 씨는 '대화'의 독특했
던 분위기에 대해 다음과 같은 기억을 갖고 있다.

기억에 남아 있는 그때의 대화는, 진짜 속마음을 내보
이는 것이 아니라 어느 정도 정해진 대로 말하지 않으면
안 되는, 권선징악(勸善懲惡) 같은 것이었습니다. ……
예를 들어 '본명을 밝히지 않으면 안 된다'는 식이죠. 본

명을 밝히는 것과 관련, 주위 학생들이 어떻게 생각하는
가는 별로 중요하지 않고, 다만 그렇게 하는 것에 의의
가 있다는, 그런 분위기였죠.

요컨대 그때 '대화'의 마당에는 은연하게 '바람직한 자
이니치 어린이상(像)'이 존재했고, 그곳에 참가하는 자이
니치 학생들은 그것을 공유하도록 돼 있었다. 그들은 어
른들이 기대하는 모습에 부응하려고, 긍정적인 평가를
받을 만한 답을 내놓게 되는 것이었다.
　고지 씨의 생각은 중학생 시절 학교에서 일어난 재일
조선인 학생에 대한 일본인 학생의 '차별적 발언' 사건으
로 넘어 간다. 그런 일이 일어나면 교사들은 사실 확인을
하거나, 왜 그런 일이 일어났는지, 그리고 그런 일이 다
시 일어나지 않도록 어떻게 지도하면 좋은지 방침을 제
시해야 했다.

중학교 시절 누가 차별을 받았다든지, 차별 발언을 들
었다든지, 그래서 전교(全校) 집회를 연다든지 하는 일
이 실제로 있었습니다. 선생님들은 흥분하고 있었지만,
내 자신은 별로였습니다. 화가 나지 않았던 것은 아니지
만, 그렇다고 내 일처럼 생각되지도 않았습니다. 내 일
이 아닌 것은 아니겠지만 분노하고는 거리가 있었다고

나 할까, 그저 멍한 느낌이었습니다. 자이니치가 차별받는 것이 나의 문제인지 아닌지 아직 잘 이해하지 못한다고 할까, 아직도 그런 데 대해선 거리감을 느낍니다. 자이니치가 차별 발언을 들어 끓어오르는 분노를 느끼느냐고 묻는다면, 나는 그런 사람이 거의 없을 거라고 생각합니다. 분노를 느껴야 한다는 말을 들어도 추상적인 느낌일 뿐이지요.

교사들은 물론 '발언'한 학생을 비판하는 것만으로 그 문제를 해결하려고 하지는 않는다. 이제까지 학생 지도에 문제는 없었는지, 자신들의 뜻과 달리 이런 일이 왜 일어났는지, 그들 또한 고민한다. 교사들은 일어난 사건을 교훈으로 활용하는 건설적인 해결법을 내놓으려고 방안을 모색한다. 그러나 교사들의 의도와 달리 이런 대응이 형식적으로 흐르고 마는 것이 현실이다.

전체화하는 것이 좋다고는 하지만, 지금 생각하면 그런 내용은 어느 정도 (학생 사이에서) 해결할 수 있는 것이었다고 여겨집니다. 나는 선생님도 사태의 깊이를 이해하지 못했다고 생각합니다. 공식적으로 이것이 차별에 해당하는지, 해당하지 않는지 나누어 보려 했지만 그럴 문제가 아니었지요. 둘이서 끝낼 문제를 크게 만듦으로써 오히려 둘 사이에 '틈'이랄까, 그런 것을 만들었지요. 응어리가 남았지요. 응어리가 반드시 남습니다. 따라서 해결 방법이 없는데 해결하려 드는 상황이 되고 말았던 것입니다.

'사건'이 일어났을 때 자이니치 학생들에게는 차별 발언을 들은 당사자의 고통을 모두가 자신의 것처럼 공유하는, 그런 자세가 요구되었다. 그러나 이에 대해 고지 씨는 위화감을 갖지 않을 수 없었다. '나와 상관없는 일이잖아'라고 느꼈다. "너희들은 같은 자이니치로서 왜 화를 내지 않지?", "차별이 있어서는 안 되지?"라는 말은 재일 조선인이 자신들의 사회적 처지를 자각하기 위해 필요한 문제라고 여겨졌다.

그러나 고지 씨는 "실제로 그것에 의해 도움을 받는 어린이는 대단히 적을 것"이라고 말한다. 왜냐하면 그런 말은 본인들의 실감과 유리된 것일 뿐만 아니라 "예방이될 수는 있겠지만 본질적인 해결은 되지 못하기 때문"이라고 지적한다. 그것은 일본인 학생에게 재일 조선인 문제에 대해 '건드리지 않는 편이 좋다'고 생각하게 만든다. 재일 조선인 문제를 '긁어 부스럼'으로 만드는 것은 자이니치 학생들에게도 바람직하지 않다고 고지 씨는 지적한다.

그렇게 자란 어린이들은 자신이 자이니치라는 것이 받아들여지지 않으면 결국 자신의 다른 면모도 내보일 수 없게 됩니다. 그렇게 되면 인간관계는 끝장입니다. "저는 자이니치인데요"라고 말했는데 "아, 그렇습니까? 그런데 그게 어쨌다는 거지요?"라는 대답을 듣게 되면 거기서 끝장입니다. 그것을 의지처로 삼지만 상대방 쪽에서 보면 '그래서 어쨌다는 겁니까?'라는 생각이 들 수 있지요. 그리고 상대방은 '그럼 당신이 말하고 싶은 다른 것은 없습니까?'라고 말할 겁니다. 우리가 배우기로는 자신이 자이니치라는 것을 가장 먼저 내세우고 살아가는 것이 좋다고 했습니다. 내 속에도 그런 생각이 있었습니다. 먼저 자이니치라는 사실을 이해해 주지 않으면 앞으로 나아갈 수 없다는 생각을 나 자신도 갖고 있었습니다. 하지만 그런 것은 인간관계를 맺는 데 손해가 됩니다. 재일 조선인이라는 사실에 대해 이쪽의 기대대로 이해해 주지 않을 때, 상대방은 모두 '차별자'가 되고 맙니다.

고지 씨는 이처럼 재일 조선인이라는 사실에만 의지하는 사고 방식을 '재일 조선인 제일주의'라고 부른다. '제일주의'는 요컨대 인간의 가치를 거기에 두는 것이다. 그것이 아무 쓸모가 없다면 인간도 쓸모없게 된다는 사고

방식이다. 재일 조선인 제일주의는 인간의 관계를 '차별과 피차별'로 환원해, 상대방에 대한 성급한 판단을 내리게 할 위험성이 있다. 고지 씨는 어릴 때부터 이러한 어감을 가진 말을 많이 들었던 기억이 있다. 그러나 고지 씨의 일상생활에는 이같이 전형적인 형태가 아닌 현실이 존재하고 있다. 지극히 당연한 일이지만.

나의 부모는, 한쪽은 자이니치이고 한쪽은 일본인이라서 그런지 민족의식이나 차별문제에 대해 이야기하는 것을 보지 못했습니다. 또 어머니가 이런 문제에 대해 충분히 이해하고 있었다고 생각하지도 않습니다. 자이니치 문제에 대해 이렇다 저렇다 말할 수 있는 사람이 아니라 그냥 보통 아주머니였지요. 자이니치가 일본에서 어떤 처지에 처해 있는지, 그런 어려운 것을 알 리 없었지요. 다만 가정을 가졌고 아이를 나서 길렀습니다. 자기선전은 필요 없었지요. 더불어 살면 되는 것이지요. 이 문제가 해결되지 않으면 안 된다는 것이 아니라, 더불어 사는 가운데 이해하게 된다는, 그런 생각입니다.

고지 씨는 부모의 이러한 모습을 보면서, 어린이회에서 들었던 '재일 조선인 제일주의' 주장을 상대화하지 않을 수 없었다[절대적인 것으로 받아들일 수 없었다 — 역주].

고지 씨는 어린이회의 말에 동조하기가 곤란했다. 왜냐하면, 그 말에 의거하면, '혼혈'인 고지 씨의 존재 자체가 '모순'이 되고, 고지 씨가 그 말에서 정체성을 찾으려 한다면 스스로의 존재를 부정하는 것이 되기 때문이었다.

고지 씨는 재일 조선인과 일본인 사이의 '혼혈'이었기 때문에 어린이회의 '상식'에 대해 막연한 위화감을 갖지 않을 수 없었다. 그러나 그때의 고지 씨는 그것을 자신의 내면으로 꾹 눌러둔 채, 상식에 동화되려고 노력하는 수밖에 없었다. 그렇지 않으면 자신이 있을 곳이 없었다. 고지 씨의 막연한 위화감이 사회적인 시민권을 얻기까지는 상당한 시간이 더 필요했던 것이다.

김태선(金泰善) 씨

김태선(22세, 재일 3세, 남성) 씨는 김영식 씨의 손자이자 김신웅 씨의 아들이다. 태선 씨는 1995년 9월부터 1년 동안 한국에 유학한 뒤, 1997년도부터 어린이회 지도원으로 일하고 있다.

태선 씨는 어릴 때부터 '김 야스요시[泰善의 일본식 한자 읽기 발음 - 역주]'라는 본명으로 생활했다. 초등학교 때부터 학교에 설치된 어린이회에 참가했고, 중학교에서는 중심적인 역할을 했다. 민족문화를 배우는 곳인 어린이회에 참가하는 데 대해 부모도 찬성했다. 태선 씨에게 어린이회에 참가하는 것은 '거기에 있기에 간다'는 식이었다. 의문을 품을 일이 없는, 지극히 자연스러운 일이었다.

태선 씨는 중학교 수학여행 때의 일이 깊이 인상에 남아 있다. 그것은 나가사키에 있는 조선인 피폭자들 위령비에 들렀을 때의 일이다. 담임교사는 태선 씨와 또 한 명의 자이니치 학생 둘에게 사진을 찍어 줄 테니 위령비 앞에 서라고 말했다. 교사의 말은 물론 호의에서 나온 것이었다. 교사의 논리는 다음과 같은 것이었다고 생각된다.

너희들은 위령비가 기리는 '조선인 피폭자'의 '동포'이다. 너희들은 일본의 식민 지배로 어쩔 수 없이 일본에 건너오게 된 사람들의 아들, 손자다. 너희들도 일본의 침략 전쟁에 의한 희생자이며, 여전히 일본 사회에서 차별을 받는 사람들 가운데 하나다.

위령비가 기리는 조선인과, 태선 씨 등 자이니치 학생의 공통점은 대충 이런 것이었다. 그 말 자체는 틀리지 않는다. 그러나 태선 씨는 비록 호의였다고는 하지만 교사의 말에 화가 났다.

'그렇지 않다'는 생각이 있었던 것 같습니다. '같은 조선인이지만 나는 관계없다'는 생각 말이죠. 선생님 말씀이 잘못된 게 아닌가 해서 화가 났습니다. 지금 돌이켜

보면 선생님의 기분을 이해하지 못할 것도 아니지만 ……. (선생님은) '저 아이들은 한국인이니까'라고 간단히 생각했을 겁니다. '너희들은 한국인이니까 위령비 앞에서 사진 찍어 줄게'라고. …… 그러나, 자이니치이지만 나는 다르다고 생각했습니다.

교사의 '재일 조선인'에 대한 규정은 결코 틀린 것이 아니다. 하지만 현대 세계를 살고 있는 자이니치 젊은이의 정체성은 그러한 규정으로 100퍼센트 채워지지 않는 것도 사실이다. 현대 세계를 살아가는 재일 조선인은, (일본인들과) 현대라는 시간을 공유하며 일본 사회를 같이 구성하는 '생활인'의 측면도 갖고 있다. '식민지 지배의 희생자'라는 관점이 재일 조선인의 정체성을 역사적 사회적으로 규정하는 데 주요한 것은 분명하지만, 그러나 그것으로 모든 것을 충분히 말했다고 할 수는 없다. 호의(好意)이긴 했지만 교사의 재일 조선인 규정은, 교묘하게도 태선 씨로 하여금 자신의 삶을 모범적인 형태에 끼워 맞추게 하는 주형(鑄型, 거푸집) 같은 기능을 했던 것인지도 모른다.

태선 씨는 또 한국으로 '모국 유학'을 가서도 '한국인'이라는 주형이 답답하고 옹졸하다고 생각했다. 본국의 사람들과 태선 씨는 서투른 조선어로 대화를 했다. '일본인인가’라는 질문에 자이니치라고 답하면 반드시, ‘한국어를 할 수 없으면 안 된다. 당신도 한국인이니까’라는 대답이 정해진 듯 돌아왔다. ‘한국인은 한국어를 하는 것이 당연하다. 그렇지 않은 한국인은 한국인이라고 할 수 없다.’ 본국인들의 대답에는 드러나지 않았지만 자이니치를 낮춰 보는 어감이 포함되어 있었다.

또 스포츠 경기에서 한국과 일본이 맞붙을 때면 십중팔구 ‘너는 어느 쪽을 응원하지?’라며 후미에[踏み繪, 에도시대에 기독교인인가 아닌가를 식별하기 위하여 밟게 했던 그리스도·마리아 상 등을 새긴 널쪽 또는 그것을 밟게 한 일 – 역주]처럼 양자택일을 강요했다. 술을 마시다 ‘쪽바리’라는 모독적인 말을 들은 적도 있다.

이러한 체험을 통해서 태선 씨가 느낀 것은 ‘여기는 내가 있을 곳이 못 된다’는 것이었다. 태선 씨는 ‘한국은 조국이 될 수 없다’는 것을 깨달았다. “‘혹시 그렇지 않을까’라고 생각했던 것이 그쪽(한국)에 가서 분명해졌기 때문에 그 부분만큼은 개운했다”고 태선 씨는 말한다.

태선 씨는 재일 조선인을 다음과 같이 정의한다.

한국인도 아니고, 물론 일본인도 아니지요. 역사 속, ‘있어야 할 위치’에서 움직인 인간이 아닐까 합니다. 하지만 그런 위치든 현재의 위치든 결코 싫지 않습니다.

오히려 재미있다고 생각할 수 있죠. 일본인이나 한국인과는 다른 눈으로 사물을 볼 수 있다는 점도 있죠. 독특한 나의 위치가 나쁘지 않고 재미있는 면이 있습니다.

원래 있어야 할 위치에서 벗어나게 된 인간. 태선 씨는 자신을 이렇게 부른다. 하지만 이것은 부정적인 시각이 아니다. 정통(正統)의 위치에서만 볼 수 있는 관점과 다른 각도에서 사물을 본다. 태선 씨는 이렇게 '이단자의 시점'에서 적극적인 의미를 이끌어 내고 있다.

어린이회는 지금까지의 전통적인 민족 정체성을 상대화해 더 유연한 정체성을 교육하는 곳으로, 또 일본 사회의 현실 속에서 자이니치 어린이들이 내면화하지 않을 수 없는 부정적 자아의식을 극복, '차별과 싸우는 주체의 민족적 정체성'을 단련하는 장소로서 그 기능을 다하고 있다. 하지만 다른 한편으로 그것은 '기대되는 어린이상'을 고정화하고, 그렇게 절대화한 상(像)은 때때로 어린이들이나 교사, 지도원을 오히려 구속하는 기능도 함께 하게 됐다.

이러한 '민족의 긍지와 구속'이라는 정체성의 딜레마 상황과 그 극복의 가능성을 한 자이니치 학생의 사례를 통해 살펴보도록 한다.

4. 어린이회를 살린다
　－한 재일 학생의 사례에서

　송순자(宋順子) 씨는, 재일 3세로 취재 당시에는 중학교 3학년 여학생이었다. 그녀는 한 재일 조선인 집단 거주 지역에서 태어나 자랐다. 그 지구에는 그녀가 태어나기 전부터 지역 어린이회와 학교 어린이회가 있었다. 순자 씨는 초등학교 입학과 동시에 어린이회에 참가했다. 부모가 모두 일을 나가기도 했기 때문에 수업이 끝나면 어린이회에 있다가 집에 돌아오는 상황이 되풀이되었다.

　초등학교 시절에는 무조건 어린이회를 좋아하는 아이였고, 한국이나 조선에 관한 것이면 무엇에든 흥미를 가졌다. 3학년 때부터는 민족악기인 장구를 배우기 시작해 자신감을 가질 정도가 됐다. 월·수·토요일은 지역 어린이회, 화요일은 장구 교실, 그리고 금요일은 학교 어린이회 등 일주일의 대부분을 어린이회 행사에 참가해 보내는 때도 있었다. 그 무렵 일본 이름으로 생활하고 있던 순자 씨는 스스로 '민족이름'에 관심을 갖게 돼 본명으로 학교에 다니고 싶다고 부모에게 말씀드렸다. 하지만 부모는 동의하지 않았고, 순자 씨는 그것을 단념했다.

　중학교 입학과 동시에 그녀는 스스로의 의지로 본명을 쓰기 시작했다. 동시에 이름을 비꼬는 등 그녀에 대한 '차별 사건'도 많이 일어났다. 때문에 학교생활에 대해 불안해하면서, '누구도 나를 제대로 생각해 주지 않는다'고 어린이회에서 호소하기도 했다. 그러나 그녀는 이런 불안을 떨쳐 버리려고 문화제의 어린이회 프로그램이나 지역 어린이회 행사에 열심히 참가했다.

　지도원은 순자 씨를 어린이회가 길러낸 아이라고 말한다. 확실히 그녀의 어린이회에 대한 책임감은 강했다. 자신에 대한 교사나 지도원의 기대도 충분히 알았고 그에 부응하려 했다. 어린이회는 그녀에게 자기 확인의 마당[場]이자, 차별 사회에서 살아 나가는 정체성의 원천이 돼 왔다고 할 수 있다.

　본명을 사용하며 생활하는 순자 씨는 어린이회 사업의 상징적인 존재였으며 재일 조선인 교육 실천의 모범 사례였다. 중학생이 된 순자 씨는 매년 초 학급의 자기소개 시간에 재일 조선인으로서 갖고 있는 자신의 생각을 일본인 학생들 앞에서 말하도록 교사에게서 요청받았다. 일본인 학생이 재일 조선인인 순자 씨의 처지나 생각을 이해하는 것이 순자 씨의 민족적 정체성을 보장하며, 그것은 순자 씨를 위한 것이라는 교사의 신념이 있었던 것이다. 그러나 순자 씨는, '생각을 말한다'는 것은 곧 자신을 속속들이 드러내는 것으로, '몸을 깎아내는 듯한 일이었다'고 표현한다.

어떤 사람 앞에서라도 말하는 게 좋다고요? 이쪽에서 아무리 열심히 말해도 쿨쿨 자는 아이도 있고, 진지하게 듣지 않는 아이도 있어요. 이야기를 듣고 싶어 하지 않는다는 건 분위기를 보면 금방 알 수 있어요. 그런 아이들 앞에서는 나도 말하고 싶지 않아요. 해마다 똑같은 이야기를 해야 한다니요. 잘 듣고, 받아들여 주면 좋겠지만 어디 그런 아이만 있겠어요? 그런데도 선생님은 내가 말하기 힘들어하면, "어째서? 무슨 일 있니?"라고 물어봐요. 무언가 이상하게 주목을 받게 되니 말하지 않을 수 없지요.

'순자 씨를 위해'라는 말은 언제부턴가 '순자 씨의 의무'로 바뀌어 있었다. 이렇게 자이니치 어린이의 민족성 존중을 위해'라는 말은 어떤 의미에서는 한 어린이의 삶을 억압하는 기능도 했다. 이런 반전(反轉)은 다른 때도 종종 나타난다.

예를 들어, 어린이회 사업에서는 '학력(學力) 보장'이 교육 과제로서 제시되고 있으나 관계자들이 그 필요성을 실감해서 실천에 옮기고 있다고는 말하기 어렵다.

왜냐하면 학력을 증진시킨다는 것은 능력주의적인 것으로, 차별과 선별을 용인하는 것으로 연결된다는 생각이 그들 마음속에 있기 때문이다. 어린이회에서는 재일 조선인이라는 사실에 바탕을 둔 유대감과 생각을 공유하는 것, 이를 위해 그 장소에 모인다고 하는 집단주의적 사고방식이 긍정적인 평가를 얻는다. 그래서 '학력 증진'은 이런 집단주의적 사고방식과는 정반대의 효과를 낼 것이라고 여기기 쉽다.

순자 씨는 3학년이 되어 고교 입시를 눈앞에 두고 초조함을 느꼈다. 학급에서 학원에 다니지 않는 사람은 순자 씨와 또 한명의 자이니치 학생뿐이었다. 순자 씨는 교실의 '수험일색' 분위기에 휩쓸려 들어갈 수가 없었다. "성적이 좋은가 나쁜가가 그 사람이 좋은가 나쁜가를 결정한다는 견해는 괜히 싫었어요. 더 중요한 것이 있는 것 아닌가"라고 순자 씨는 말한다. 그러나 공부에 대한 불안도 있어서 "나도 학원에 가 볼까"라고도 한다. 이에 대해 지도원이 "열심히 하려면 힘들어"라고 말하면, 순자 씨는 "힘들어도 모두 당연하다는 듯이 하니까……"라고 불안한 마음을 내비쳤다.

'학력'이라는 현실 세계의 가치관과, 어린이회에서 적극적 긍정적으로 평가되는 가치관은 서로 대립하는 부분이 있었다. 순자 씨는 그 사이에서 조바심을 냈던 것이다. 학력을 지나치게 긍정하는 편차치(偏差値) 사회와, 학력을 지나치게 부정하는 민족공동체라는 양자택일의 '강제' 속에서 순자 씨는 그녀 나름의 살아가는 방법을 자력으로 모색하고 있었다.

순자 씨는 고교 입학과 동시에 중학교 시절 사용했던 본명을 일본 이름으로 다시 바꾸었다. 그것은 그녀가 지금까지 어린이회 활동에 참여해 온 끝에 내린 하나의 '결론'이었다. 조선인이라는 것을 분명히 하면서 생활하는 것은 재일 조선인에게는 일본 사회의 현 상황에서는 적지 않게 긴장을 동반하는 일이다. 중학생이나 고교생 등 감수성이 예민한 연령층에서는 한층 더 그러하다. 본명을 사용하면서 생활하는 것은, 주체적으로 자신을 주위로부터 이화(異化)시키는 것으로, 자기주장을 하며 사는 것 이상의 일이다. 순자 씨는 본명으로 사는 것은, '재일 조선인으로서 갖는 책임'을 늘 져야 한다는 것을 뜻한다는 것을 익히 '학습'했던 것이다.

본명을 사용하고 재일 조선인으로서 자기주장을 내세우며 살아가는 것은 분명 그녀의 정체성이 돼 있었다. 또 주변의 어른들이 기대하는 재일 조선인 어린이상에 부응하는 것이 그녀의 삶에 하나의 버팀목이 돼 왔다고도 할 수 있다. 그러나 주변의 기대에 부응하며 그것으로 자신을 살려 나가는, 그런 삶의 방식에 그녀는 좀 지쳐 있었다.

순자 씨는 현재 고교 2학년이다. 최근 들어서야 고교 생활에 익숙해졌다고 한다. "아, 고등학교는 이런 분위기구나라고 최근에 이르러서야 알게 되었다"고 말한다. 순자 씨는 중학교 때까지의 환경과 고등학교 환경의 차이에 당황하며 어려움을 겪었다.

고등학교의 분위기가 A중학교와 크게 달라 고민했지요. 무지무지하게 고생했어요. 중학교 때와는 분위기가 확 바뀌어서 처음에는 몹시 외로웠습니다. '도대체 어디서부터, 무엇부터 시작해야 좋을까?'라는 생각을 자주 했습니다. 통명(일본이름)으로 되돌아왔지만, 가지고 있던 은행 카드는 본명(한국이름) 그대로였죠. 새 카드는 통명으로 발급 받았지만 친구가 있을 때는 본명이 있는 카드를 보이지 않게 하려고 애썼죠. 이런저런 일 때문에 많은 것들이 뒤죽박죽이 돼 버리고 말았습니다. 차라리 본명 그대로 생활하는 게 더 좋지 않을까라는 생각도 들었고……

순자 씨는 중학교 때까지의 세계와 고등학교에 들어가서 겪게 된 세계 사이에서 커다란 단절을 느꼈다. 순자 씨는 초등학교에 들어가자마자 어린이회에 참가했다. 초등학교, 중학교와 어린이회는 그녀의 생활과 따로 떼어 놓을 수 없는 부분이었다. 어린이회의 세계는 그녀의 정체성의 일부였다. 입을 다물고 있어도 행사에 참가하라는 권유의 소리가 들려 왔다. 순자 씨가 침울해 있을 때는 교사도 지도원도 마치 부모처럼 말을 들어 주었다.

순자 씨가 다녔던 초등학교와 중학교는 순자 씨가 살고 있던 재일 조선인 집단 거주지역을 교구(校區, 학군)로 가지고 있어, 어린이회 활동을 포함한 '인권 학습'에 특히 열심이었다. 부라쿠 문제, 장애인 문제 등을 통해 '인권 의식을 기르자'는 것이 학교의 지향 목표였다. 재일 조선인 학생이 차별적인 발언을 들었을 경우에는 학급 또는 학교 안에서 그에 대해 토의가 벌어졌다. 그런 환경이었다.

그러나 고등학교는 그렇지 않았다. 인권 문제에 관한 학습이 없는 것은 아니지만, 그저 일년에 학습시간이 몇 번 있는 정도로, 일상적인 수준에서는 거의 없는 것과 마찬가지였다. 순자 씨는 자신이 지금까지 교육을 받았던 환경이, '당연한 것'이 아니라 '특별한 세계'였다는 점을 통감하게 됐다.

고등학교는 차가운 곳이에요. 자이니치나 장애인에 관한 수업은 없습니다. 우리가 통명을 쓰면 A중 시절처럼, '왜 그러니?'라고 말해 주는 선생님도 안 계십니다. 그러고 보면 A중의 선생님들은 따뜻한 분들이었어요.

대부분 아무것도 생각하지 않아요. 생각하지 않아도 괜찮은 처지이니까. 생각하지 않아도 충분히 즐겁게 생활할 텐데요, 뭐. 하지만 우리는 생각하지 않을 수 없고 관련되지 않을 수 없지요. 그런 사람들(생각하지 않고서도 즐겁게 살 수 있는 다른 학생들)이 모두 부러워요. 그런 사람들처럼 살고 싶어요. 그게 편하지 않습니까.

고등학교에 들어가 일본 이름을 사용한 순자 씨는 주위 사람들에게 자신이 재일 조선인이라는 것을 밝히지 않았다. 중학교 때까지 주위 사람들은 자신의 뜻과는 상관없이, 그녀가 재일 조선인이라는 것을 알고 있었다. '재일 조선인인 순자 씨'. 주위에서는 그녀를 그렇게 놓고 보았다. 학교나 어린이회에서도 재일 조선인이라는 점을 먼저 전면에 내세우고, 거기에서부터 인간관계를 쌓아나가는 것을 자이니치의 바람직한 존재 방식이라 생각했다. 순자 씨는 누구도 자신이 자이니치라는 것을 알지 못하는, 그런 상태에서 자이니치임을 밝힐 상황이 아니었고 또 그럴 필요성도 없었다. 그녀는 이런 상태에 처했을 때 어떻게 자신이 재일 조선인이라는 사실을 밝히고 알릴 것인가, 그 방법을 몰랐다.

조선인이라는 사실을 숨기고 사는 사람들의 기분을 처음으로 알게 됐어요. …… (일본 이름으로 지내면) 친구들과 잘 사귀죠. 말하고 싶은 것 말하고, 다투기도 하지만 서로를 속속들이 내보일 수도 있고, (친구들이) 나를 필요로 하는 것을 알 수 있고, 나도 상대를 필요로 한다는 것을 알 수 있습니다. 그래서 사이가 좋아질수록 내가 조선인이라고 말하지 않았던 게 괴로워집니다. 내가 조선인이라고 말하고 싶은 생각은 굴뚝같지만요. 하지만 지금은 왠지 말할 수 없을 것 같습니다. 이런 정도로 괜찮지 않을까라는 생각이 들어서요. 이런 내가 좋다고는 생각하지 않지만…….

순자 씨는 새로운 환경에서 자신의 위치를 어떻게 자리매김할 것인가 진지하게 고민했다. 일본 이름을 사용하고 재일 조선인이라는 것을 주위에 숨기는 자신의 모습은, 중학교 때까지의 모습과 결줄 때 '비굴한 조선인'이라는, 용인하기 어려운 모습이었다. 한편 순자 씨에게는, 만약 재일 조선인이라는 것을 밝히고 본명을 사용하기 시작하면, '재일 조선인의 책임'에 또 구속되는 것이 아닌가라는 걱정도 있었다. 자신은 재일 조선인이라는 사실을 밝혀 두고 싶은 기분도 들었지만 그렇게 하면 '재일 조선인 순자 씨'라는 고정적인 시선이 자신을 향하고, 자신은 '재일 조선인 순자 씨'를 연출하지 않으면 안 될 것이라는 딜레마가 있었다. 자이니치임을 밝힘으로써, 친구와의 좋았던 관계가 변질돼 버리는 것도 무서웠다.

있는 그대로의 모습으로 '재일 조선인인 자신'을 말한다고 해도, 있는 그대로의 자신과 유리되고 마는 것이 아닌가 하는 두려움이 있었다. 중학교 시절 순자 씨는 '재일 조선인인 순자 씨'라는 인상이 자신의 뜻과는 달리 널리 퍼지는 것을 보았다. 그래서 그 인상에 자신을 맞추지 않으면 안 되었다. 그녀 속에는 '재일 조선인으로서 갖는 자아'와 '재일 조선인인 동시에 한 개인으로서 갖고 있는 자아'라는, 반드시 일치하지는 않는 두 가지 정체성이 공존하고 있다고 말할 수 있을지 모른다. 1학년 때는 이런 갈등과 모색의 시기였다. 그리하여 2학년이 될 무렵 그녀는 자연스레 '현재의 자신'을 받아들이게 되었다.

저요, 완전하게는 아니지만 열심히 노력했어요. 이렇게 해도 괜찮은지 몹시 고민했고, 그래서 힘들었죠. 하지만 지금은 그다지 심각하게 생각하지 않으려 해요. 지금 이대로가 좋다고 생각하는 것은 아닙니다. 감정의 굴곡이 심합니다. 생각하기 시작하면 몹시 침울해집니다. 어쩔 줄 모를 정도예요. 침울해지면 막다른 곳까지 가버리기도 하죠. 그럴 땐 누군가가 구해 주지 않으면 빠져나올 수가 없어요. 저는 감정을 조절하는 데 서툴러요. 그래서 심각하게 생각하지 않으려 하고 있어요. …… 내가 편한 쪽, 편한 쪽으로 가려고 하는 걸까……. 그게 좋다고 생각하지는 않지만…….

그녀는 '재일 조선인인 자신'과 '있는 그대로의 자신' 사이에서 절충점을 찾고 있는 것처럼 보인다. 아마 그녀 속에는 외부의 기대나 요구에 부응하는 '재일 조선인'이 아니라, 한층 더 자발적으로, 그녀의 감정에서 솟아올라오는 것 같은, '이렇게 존재하고 싶다는 재일 조선인상'이 있는 것 같다. 그러나 그것이 아직 그녀에게는 보이지 않는다. 외부에서 요구한 '재일 조선인', 그리고 스스로도 그렇게 존재하려 했던 '재일 조선인'. 그것이 중학교 때까지 그녀의 정체성이었다. 그것은 단순히 그녀가 수동적으로 받아들였던 것이 아니다. 그녀 자신도 거기에서 자신이 살아갈 길을 찾아냈던 것이다.

어린이회는 …… 부담감이 있었어요. 언제나 긴장했습니다. 책임감이라고 할까, 늘 열심히 노력하지 않으면 안 된다는 기분이 들었습니다. …… 힘들었습니다. …… 정말 힘들었어요…… 그래도, 고등학교에 들어오고 나서 하는 생각이지만 A중학교 같은 학교는 없습니다. 조선인 아이들을 부모처럼 보살펴 주었고, 왠지 그리워요. …… 중학교 때까지의 생활을 부정하고 싶지 않아요. 그 때까지 열심히 노력해 온 내 자신을 부정하고 싶지 않습니다. 노력했기 때문에 얻은 것도 있다고 생각합니다. 그리고 다양한 사람과 만날 수도 있었고……. 지금 왠지 마구 장구를 치고 싶어요.

순자 씨는 중학교 때까지의 자신을 부정하고 싶지 않다고 생각한다. 초등학교와 A중학교의 교사나 지도원, 그리고 많은 사람들과의 만남, 이런 것들을 전부 뭉뚱그린 '어린이회의 세계'를 부정하고 싶지 않은 것이다. 중학교 때까지 가꾸어 온 '만남'이나 '어린이회의 세계'는 그녀에게 '재산'인 것이다. 이런 어린이회의 세계를 소중히 하면서, 자기 나름의 재일 조선인상을 발견해 나가고 싶다고 그녀는 생각하고 있다.

중학교 때는, 내가 이쯤 말했는데 주변에서 그만큼 반응을 보이지 않으면 마음이 놓이지 않았어요. 왜 그렇게 반응을 보이지 않을까 생각했습니다. 하지만 그건 그렇지 않다는 것을 이젠 알게 되었습니다.

중학교 때까지의 환경은 재일 조선인으로서 어떻게 생

활할 것인가, 또는 일본인 친구들과 어떤 관계를 맺을 것인가라는 문제의 ·답들이 준비되어 있던 환경이었다. 차별과 피차별의 관계에 놓여 있는 일본인과 재일 조선인, 민족성을 호소하는 존재와 그것을 받아들여 존중하는 존재인 재일 조선인과 일본인. 이런 정형화한 관계가 이미 존재하는 공간이었다.

그러나 고등학교는 달랐다. 재일 조선인과 일본인의 관계가 어떠해야 한다는 틀이 전혀 없는 환경이었다. 순자 씨는 자신의 생각과 감각, 그리고 자신의 힘으로, 재일 조선인으로서 주변의 일본인 친구들과 어떤 관계를 맺어 나가야 하는가를 궁리해 나가지 않으면 안 되는 그런 환경에 놓여 있었다.

'일본 이름으로 변경'. 그녀는 지금까지 '재일 조선인으로서 지고 있던 책임'이라는 짐을 내려놓기 위해 그 선택을 했다. 그러나 '변경'은 지금까지 이상으로 자신이 재일 조선인이라는 것을 의식하게 만들었다. 그녀의 선택에 대해 재일 조선인으로서 살아가는 중압감에서 벗어나기 위한 '도피'라고 결론 내리기는 쉽다. 그러나 그녀의 실상이 반드시 그런 국지적인 것은 아니다. 그녀는 현재 재일 조선인 고교생 부회에 나가, 다른 자이니치 학생과 함께 중학교 때까지의 환경의 차이점이나, 재일 조선인에 대한 주변 일본인 학생의 무지에 대해 의견을 나누고 있다.

본명을 일본 이름으로 바꿨다고 해서 그녀가 '재일 조선인의 자각'을 상실할 리는 없다. '일본 이름 사용'이라는 선택, 그것은 그녀가 차별 사회를 살아나가는 데 필요한 하나의 편의적인 '전술'이었다고 말할 수 있다.

그녀는 확실히 눈부신 투쟁의 주인공은 되지 못했다. 그러나 민족의 본질주의적 구속을 벗어나 유연한 민족성으로 살아가는 것은 가능하다. 이건, 한 사람의 소녀가 일본 사회라는 차별 공간에 둘러싸여 거기에 대항하며 생을 영위하기 위한 방책이었다.

그녀의 얼굴은 1년 전과 견주어 평온해졌다. 그녀는 침착해져 있었다. "저 성장했지요?" 순자 씨는 웃으면서 나에게 물었다. "그렇게 생각한다." 나도 마음으로부터 그렇게 대답했다.

"얼마 전까지 아르바이트를 했지만 그만두었어요. 여름방학이 끝나면 또 아르바이트를 해야 할 것 같아요. 고등학생이 되니 돈이 꽤 드네요. 휴대전화 통화료가 엄청나요." 그녀는 바쁜 것 같았다.

일본 이름으로 변경, 그건 현상만으로 보면 '후퇴'라고 해도 어찌할 수가 없는 것인지 모른다. 그러나 그녀의 정체성은 그것으로 완결된 것은 아니다. 홀의 말에 다시 귀를 기울여보자.

…… 우리들은 먼저 정체성이라고 부르는 '위치성'을 형성할 수 있습니다. …… 그렇게 해서 만들어진 하나하나의 정체성이, 우리들이 선택해 동일화한 위치에 새겨집니다. 우리들은 그 특수성(여러 가지 정체성의 하나하나)을 소중히 하면서 모든 정체성이 갖는 위치의 총체(ensemble)를 살려 나가지 않으면 안 됩니다.[1]

순자 씨는 계단을 하나 올라갔다. 그러나 그 무대도 그녀에게는 하나의 통과점에 지나지 않을 것이다. 그녀는 그 무대에서 여러 가지를 체험하고, 고민하고, 기뻐하며 다음 세계를 향한 계단을 올라가고 있다. 그녀는 그렇게 해서 어제와 다른 무대로 나아가고 있는 것이다. 그래서 '나는 이것으로 좋다, 나는 나로써 좋다'고 생각할 수 있는, 그런 자신의 위치를 찾아가며 모색을 계속해 나가고 있는 것이다.

맺음말

　나는 수년 전 어떤 연구회에서 다카쓰키시의 교육 실천과 순자 씨를 비롯한 자이니치 학생들이 처해 있는 상황에 대해 보고한 적이 있다. '본명에서 일본 이름으로의 변경'이라는 현실과 관련해서 순자 씨 나름의 '작은 저항의 모습'을 읽어 낸다거나, '유연하고 탄력성 있는 정체성의 가능성'을 발견하려는 나에게 참가자들로부터 비판의 목소리가 쏟아졌다.

　예를 들면 오사카에서 오랜 세월 재일 조선인 교육에 종사했던 교육 관계자는 "당신의 해석은 자이니치 젊은 이들이 출신을 숨기고 일본 사회에 몰입하려고 하는 '동화'(同化)를 조장하는 것이다. 나아가 일본 사회와 재일 조선인 사이에 가로 놓인 권력관계를 은폐하는 데 손을 빌려주는 것"이라고 말했다. 또 다른 분은 이런 지적도 했다. "당신의 주장은, 이제까지 자이니치 어린이들이 민족의 자각과 긍지를 고양하는 것을 목표로 실천해 온 '(일본인이) 본명을 부르고 (재일 조선인이) 내세우기'의 교육 실천을 부정하는 것이며, 재일 어린이들이 처한 교육 현장의 심각한 상황에 적극 간여하려 하지 않는 많은 사람들에게 그 행동을 정당화하는 논거를 주는 것이다."

오사카부에서는 1998년도부터 교육위원회가 시달하고 있는 '재일 한국·조선인 문제에 관한 지도 방침'이라는 문서에서, "재일 한국·조선인 아동·학생이 본명을 사용하는 것은 본인의 정체성 확립에 관련되는 것이다. 학교에서는 …… 이러한 아동과 학생이 스스로 긍지와 자각을 높여 본명을 사용하도록 지도에 힘쓸 것"이라는 문구를 새롭게 덧붙였다. 이것은 1960년대 말부터 계속되어 온 교육 현장의 실천을 부(府) 당국이 뒤늦게나마 인지한 것으로, 열심히 노력해 온 관계자의 절실한 목소리가 반영된 것이라고 할 수 있다.

이런 착실한 실천을 계속해온 분들에게는 '본명에서 일본 이름으로 되돌아가는 데'서 '유연하다'거나 '탄력적이다' 따위의 듣기 좋은 말로 '가능성'을 모색하려는 것은 '궤변'에 불과할 것이다.

또 이 책에서도 무언가 가능성을 찾아보려고 하고 있는 '크레올'이나 '디아스포라'라는 다원적 정체성을 찬미하는 소리에 대해서도, 다음과 같은 지적이 있다.

…… 피식민자가 만들어 낸 복합적인 문화에서 '저항'을 읽어냄으로써 지식인 엘리트의 계몽주의와 흐름을 같이하고 말 가능성을 늘 갖고 있다……. 더욱 문제인 것은 피식민자가 문화의 배후에서 '저항'을 분명히 의도·의식하지 않는 경우에도, 제3자에게 결과적으로 저항을 나타내고 있는 것처럼 보이면 이것을 '저항'으로 평가·해석할 수 있는지 여부다.[1]

'크레올'이나 '디아스포라'의 잡종(hybrid)성이, 만약 지배문화에 대한 저항의 구실을 갖는다 해도 그것은 결과일 뿐, 미리부터 거기에서 '저항의 수단'을 발견하고자 하는 것은 연구자의 독단적이고 낭만적인 생각에 지나지 않는다는 것이다.

나는 재일 조선인, 특히 3세 이후 주목을 받게 된 '흔들리는' 또는 '유연한' 정체성에 대해 장밋빛 꿈을 꾸고 있는 것은 아니다. 또 무조건 그것을 찬미할 생각도 없다. 이런 정체성의 존재는 창조적 가능성을 지니는 한편, 앞서 지적한 위험성도 동시에 가지고 있는 것이 사실이며 나도 이를 충분히 알고 있다.

또 나는, 이 책에서 재일 조선인 민족교육의 폄하나 부정, 해소 등을 목적으로 하고 있지 않다. 이제까지 재일 조선인이 처했던 역사적 사회적 상황에서, 민족교육이 재일 조선인의 생활에 위대한 공헌을 해 왔다는 것은, 나도 한 사람의 자이니치 3세로서 실감하고 있는 터이다.

하지만 '그러나'라고 나는 말하지 않을 수 없다. 재일 조선인이 처한 상황이 엄중했기 때문에, 결과적으로 간과한 것이 있었던 것은 아닌가. 또 민족교육이 맞서지 않으면 안 되는 것이 너무나 강대(强大)했기 때문에, 그 이유로 재일 조선인의 연대와 결집을 단단하게 하지 않으면 안 되었기 때문에 버릴 수밖에 없었던 것이 있지는 않은가. 이러한 점을 나는 감히 지적하고 싶은 것이다.

되풀이하지만 나는 예를 들어 순자 씨의 사례에서 보는 정체성의 존재 방식이 이제부터 재일 조선인의 모범 사례로서 만능이라고 찬미할 생각은 없다. 그리고 모든 재일 조선인이 이런 정체성의 형태를 지향해야 한다고 주장할 생각도 없다. 그러나 나는 그녀의 선택이 힘든 상황에 처해 있는 자이니치 젊은이가, 살기 위한 방안의 하나로서, 주체적으로 행동한 결과라는 것은 인정하고 싶고, 또 엄숙하게 받아들이지 않으면 안 된다고 생각한다.

재일 조선인의 민족교육은 당연한 것으로 지금도 유효하다. 그러나 그것을 한층 더 앞으로 나아가게 하기 위해서는 이처럼 '간과해 온 것', '버려 온 것'에 눈을 돌릴 필요가 있는 것은 아닐까. 이 현실 사회 속에서 현실적인 선택이라는 것을 사회과학으로 끌어들였을 때, '유연한 정체성'에서 무언가 가능성을 찾아보려는 견해는 더욱 유효하다고 나는 생각한다.

현장에서 현실을 앞에 두고 생각할 때, 그것은 낭만주의도, 아무것도 아니다. 현장의 필요성 속에서 만들어져 나온 것이다. 교실공간이라는 현장의 실천에서 무엇이 효과가 있는지, 무엇이 그들의 모순을 자신의 힘으로 돌파하는 데 무기가 될 것인지 생각할 때, 이 책에서 제기한 것의 가능성을 함께 생각해 본 것이라는 점을 마지막으로 덧붙여 두고자 한다.

소수자의 위치에 그 자신을 두는 사람은 사회 지배문화에서 주어져 내면화된 자기의 부정적 이미지에서, 자신을 해방하기 위한 수단으로써 정체성의 정치역학(identity politics)을 이용해 왔다. 그러나 이는 차츰 '타자' 또는 내부의 다양한 존재를 억압하는 결과를 낳게 된다. 그리하여 그들은 앞에는 지배문화, 뒤에는 내부 사회의 다양한 개화(個化)라는 두 개의 강력한 힘과 대치하게 된다. 한 사람의 민족적 소수자는 지배문화와 민족의 본질주의라는 커다란 거울 앞에 서게 된다. 이 개(個)—민족문화—지배문화는, 저마다 점으로 산재하고 있는 것이 아니라 동심원의 관계를 그리고 있다고 그 영상을 그려 볼 수 있지 않을까. 사람은 저마다 경계를 관통하는 벡터(vector)의 위에서, 상황 대응적으로 스스로 위치를 정하고, 복수(複數)의 세계를 자유왕래하면서 매일 살고 있다. 이는 본질주의인가 비본질주의인가라는 이항정립적인 것이 아니라 유연하고 탄력적인 '선택'이다. 그들은 이런 전술을, 살기 위해, 이념이 아니라 현실세계, 즉 나날의 생활에서 엮어나가고 있는 것이다.

후기

　이 책은 1997년 12월 오사카대학(大阪大學)에 제출한 박사학위 논문 〈재일 조선인 교육에서 '민족'의 본질주의와 비본질주의〉(在日朝鮮人教育における 〈民族〉の本質主義と非本質主義)를 바탕으로 쓴 것이다. 그 논문은 내가 1996년부터 1997년에 걸쳐 다카쓰키시에 있는 '재일 한국·조선인 어린이회'의 지도원으로 관여했을 때 보고 들은 것을 기초로 작성한 것이다.

　읽어 보면 알 수 있는 것처럼, 이 책의 내용은 반드시 다카쓰키시에 있는 재일 조선인 교육 실천을 예찬(禮讚)하는 것만은 아니다. 나 자신의 눈에 비친 그 역사와, 직면한 현상·과제를 있는 그대로 묘사하려고 노력했다. 그렇게 함으로써 다카쓰키시의 재일 조선인 교육이 직면하고 있는 문제, 민족적 소수자인 재일 조선인이 현대사회에서 직면하고 있는 문제, 나아가 현대사회를 살고 있는 사람들이 직면하고 있는 정체성의 문제를 부각시킬 수 있지 않을까 생각했기 때문이다.

그러나 이러한 '있는 그대로의 묘사'는 교육 현장에서 매일매일 실천을 담당하고 계신 분들에게는 커다란 위험 부담을 동반하는 것이기도 하다. 그 '과제'의 일부분만이 강조되고, 그것을 (일종의) 비판으로써 당사자에게 들이 댈 가능성도 충분히 생각할 수 있기 때문이다.

그러나 무궁화회의 대표인 이경제 씨를 비롯한 지도원 님들, 그리고 '재일 한국·조선인 교육사업'의 선생님들 은 내가 제기하는 꽤 신랄한 지적 등에 대해서도, '속이 후련하다'면서 너그럽게 받아들여 주셨고 이 책의 간행 을 흔쾌히 수락하셨다. 나는 다카쓰키시의 재일 조선인 교육에 관여해 오신 분들의 '깊은 속마음'에 경의를 표함 과 동시에 마음으로부터 감사하고 있다.

다카쓰키시에서는 1995년부터 '재일 한국·조선인 교 육개혁추진회의'가 설치돼, 지금까지 다카쓰키시 재일 조 선인 교육 실천이 축적한 것을 바탕으로, 현재의 과제와 앞으로 요구되는 방향성에 대해 논의가 이루어졌다. 지 금은 새로운 지침인 '재일 외국인 교육 기본 방침'의 제 정 작업이 진행되고 있다.

조사 연구 인터뷰에 응해주신 모든 분들과, 협력해 주 신 재일 한국·조선인 교육 사업의 선생님들께 다시 한

번 인사를 드린다. 이분들의 이해와 협력이 없었다면 이 책은 나올 수 없었을 것이다. 진실로 감사드린다.

'소수자는 언어를 갖지 못한다. 있는 것은 퇴적돼 온 체험과 감정일 뿐'이라고 한다. 낮에는 노동을 하고 밤에는 대학에 다니던 '야학생' 시절부터 나는 자이니치와 민족교육을 연구하는 '학문의 언어'에 위화감을 품어 왔다. 이 위화감을 솔직히 긍정하고 나 자신의 언어로 세계를 이해해도 좋다는 점을 깨우치고 성원해 주신 것은 오사카대학 인간과학부 이케다 히로시(池田寬) 선생님과 교토대학(京都大學) 문학부 마쓰다 모토지(松田素二) 선생님이다. 이 책의 집필도 이 선생님들의 지원이 있어 비로소 이루어질 수 있었다 해도 결코 지나치지 않다. 또 오사카시립대학(大阪市立大學) 문학부 가쓰라 마사타카(桂正孝) 선생님을 비롯한 많은 선생님들로부터도 지금까지 많은 격려와 지도를 받았다.

또 이 책 집필을 위한 현지 조사에는 우에히로(上廣) 윤리재단에서 받은 1998년도 연구 조성금의 일부를 사용했다. 이에 사의를 표하고자 한다. 감사드린다.

그리고 마지막으로 세카이시소샤(世界思想社) 나카가와 다이치(中川大一) 씨, 오스미 나오토(大隅直人) 씨에게 많은 신세를 졌다. 걸핏하면 감정과 주장이 앞섰던 나에게, 두 분은 독자가 쉽게 읽을 수 있게 하려면 무엇이 필요한가를 곳곳에서 적확(的確)하게 지적해 주었다. 한 권의 책을 출판한다는 것은 집필자와 편집자의 공동 작업의 결과가 틀림없다는 점을 이 책의 집필을 통해 필자는 통감했다. 나카가와 씨와 오스미 씨에게 이 자리를 빌려 깊은 감사의 뜻을 전한다. 고맙습니다.

1999년 10월 1일

김태영(金泰泳)

┃주┃

제1장

1) 오구마(小熊) 1995 : 7~8.

2) 나카노(中野) 1993 : 81.

3) 나카노(中野) 1993 : 81.

4) 도미야마(부山) 1990 : 237.

5) 가이자와(貝澤) 1972 : 152.

6) 홋카이도 환경생활부총무과 아이누시책추진실 1998 : 18~19.

7) 지캅푸 1991 : 105.

8) 다나카(田中) 1995 : 218.

9) 다나카(田中) 1995 219.

10) 오쿠다(奧田)・히로타(廣田)・다지마(田嶋) 1994 : 302.

11) 오타(太田) 1996 : 37.

12) 오타(太田) 1996 : 97~98.

13) 노무라(野村) 1996 : 60.

14) 오가사와라(小笠原) 1997 : 217~220.

15) 오가사와라(小笠原) 1997 : 220.

16) 게이라(計良) 1997 : 344.

17) 게이라(計良) 1997 : 345.

18) 게이라(計良) 1997 : 345~346.

제2장

1) 《아사히신문》 1989년 7월 5일 조간.

2) 《아사히신문》 1991년 11월 24일 조간.

3) 《아사히신문》 1992년 2월17일 조간.

4) 구로가와(黑川) 1987.

5) Beauvoir, S 1949＝1959 Ⅳ : 12.

6) 오코시(大越) 1996 : 63～64.

7) Segal 1987＝1989 : 375.

8) 《아사히신문》 1992년 6월20일 조간.

9) 《아사히신문》 1996년 1월19일 조간.

10) 후지타(藤田) 1998 : 21～22.

11) 후지타(藤田) 1998 : 94.

12) 후지타(藤田) 1998 : 95～96.

13) 나카지마(中島) 1991 : 15～16.

14) 세키네(關根) 1994 : 224.

15) 마쓰다(松田) 1996 a : 200.

16) 오다(小田) 1996 a : 100～101.

17) 오다(小田) 1996 b : 811.

18) Glazer & Moynihan 1975 : 1＝1983 : 3.

19) Riesman 1953～1954 : 15.

20) Cohen 1978＝1996 : 144～145.

21) 李 1985 : 191～192.

22) Barth 1969＝아오야나기(靑柳) 1996.

23) 다케자와(竹澤) 1994 : 16.

24) Naroll 1964 : 284～286.

25) Barth 1969 : 10＝아오야나기(靑柳) 1996 : 26.

26) Barth 1969 : 15＝아오야나기(靑柳) 1996 : 34.

27) van den Berghe 1978 : 401.

28) Weber 1968 : 389.

29) Isajiw 1974 : 115＝아오야나기(靑柳) 1996 : 81～82.

30) Isajiw 1974 : 117～120＝아오야나기(靑柳) 1996 : 85～90.

31) 李 1985 : 195.

32) 李 1985 : 195.

33) Hobsbawm 1990 : 8.

34) Royce 1982＝아오야나기(靑柳) 1996 : 213.

35) Keyes 1976 : 211.

36) 기어츠(ギアーツ) 1987 : 118～119.

37) Isaacs 1975 : 29～30＝1984 : 42.

38) De Vos 1975 : 15～16.

39) Cohen 1974 : x viii.

40) Cohen 1974 : x viii.

41) Hechter 1976 : 216～221, Hechter 1978 : 299.

42) Hechter 1976 : 221.

43) Hechter 1974 : 1177.

44) 다케자와(竹澤) 1994 : 19.

45) Hobsbawm 1983 : 1＝1992 : 9.

46) Anderson 1983＝1987 : 14, 17.

47) Sollors 1989 : xi ～ x iv.

48) 오다(小田) 1996 a : 99.

49) Smith 1989 : 341, 344.

50) Hall 1990 : 225.

51) 오다(小田) 1996 a : 104.

52) 梁 1996 : 120～121.

53) 鄭 1996 : 11.

54) 尹 1987 : 186～187.

55) 姜 1995.

56) 姜 1995.

57) 鄭 1996 : 14.

58) 鄭 1994 : 13.

59) 鄭 1996 : 2.

60) 鄭 1996 : 19.

제3장

1) 일본 법무성 입국관리국, 《출입국관리백서》, 1949년판.

2) 1948년 4월 시점에서 소학교(초등학교) 541개교, 중학교 9개교, 청년학교 36개교의 재일 조선인 민족학교가 있었지만 같은 해 1월에 문부성 학교 교육국장 통달 〈조선인 설립학교의 취급에 대해서〉가 나오면서 민족학교의 존재가 부정됐다. 같은 해 4월10일 효고현에서 조선인 학교 폐쇄령을 내린 데 대해 재일 조선인 측의 항의행동이 일어났다. 24일 현지사와의 교섭 결과, '폐쇄령'이 철회됐다. 그러나 GHQ(점령군 사령부)는 '비상사태선언'을 발령, 일천수백 명의 조선인이 체포됐다. 26일 오사카에서의 '학교 폐쇄'에 대한 1만3천 명의 항의집회 장소에서 미군 헌병(MP)에 의해 16살 소년이 사살되는 사태가 일어났다.

3) 재일본조선인연맹 제13회 중앙위원회 회의록(金 1988 : 23).

4) 재일본조선인권리옹호위원회 1996 : 66.

5) 해방신문 1948년 2월 20일.

6) 해방신문 1948년 5월 25일.

7) 金 1979 : 84~85.

8) 金 1988 : 42~43.

9) 《내외교육판(內外敎育版)》 1953년 6월 30일.

10) 1951년 12월 제2회 대회에서의 결의.

11) 《신조선》은 1951년 11월 15일 창간. 1954년 9월 22일 폐간.

12) 《신조선》 1952년 7월 23일.

13) 《신조선》 1952년 10월 5일.

14) 이토(伊藤) 등 1986 : 73.

15) 《조선시보》 1965년 5월 19일.

16) 《민족교육》 1965년 10월 1일.

17) 《민족교육》1966년 5월 1일.

제4장

1) 梁 1996 : 120~121.

2) 《통일일보》 1976년 8월 31일.

3) 오사카부(府) 재일외국인교육연구협의회 1996 : 24.

4) 후쿠오카(福岡) 1993 : 109.

5) 〈나리아이의 재일조선인 생활사(成合における在日朝鮮人の生活史)〉
   합동편집위원회 1980 : 76~77.

6) 다케다(竹田) 1986 : 452.

7) 鄭 1996 : 10.

8) 민족이름을 되찾는 모임(民族名をとりもどす會) 1990 : 15.

9) 徐 1996 : 98.

10) 오다(小田) 1996 a : 102.

11) 鄭 1994 : 13.

12) 徐 1996 : 101.

13) 오다(小田) 1996 a : 104.

14) 마쓰다(松田) 1996 b.

15) 오사카부 재일외국인교육연구협의회 1996 : 2.

16) 오사카부 재일외국인교육연구협의회 1996 : 52.

17) 오사카부 재일외국인교육연구협의회 1996 : 23~24.

제5장

1) 홀(ホール) 1996 : 29.

제6장

1) 오스기(大杉) 1999 : 105 ~ 106.

▌참고문헌▐

1. Anderson, Benedict

   1983, *Imagined Communities : Reflections on the Origin and Spread of Nationalism*, Verso : London.

   일본어판 : B. アンダーソン, 白石隆・白石さや 譯,《想像の共同體－ナショナリズムの起源と流行》, リブロポート, 1987(増補版, NTT 出版, 1997).

2. Barth, Frederik

   1969, "Introduction" in Barth, Frederik(ed.), *Ethnic Group and Boundaries : The Social Organization of Culture Difference*, Little Brown and Company : Boston.

   일본어판 : F. バルト,〈エスニック集團の境界〉, 青柳まちこ 編監譯,《〈エスニック〉とは何か》, 新泉社, 1996.

3. Beauvoir, S.

   1949, "Le Deuxieme sexe".

   일본어판 : ボーヴォワール, 生島遼一 譯,《第二の性 Ⅰ～Ⅴ》, 新潮社(新潮文庫), 1959.

4. チカップ美惠子

   1991,《風のめぐみ》, 御茶の水書房.

5. 鄭 暎惠

   1994,〈開かれた家族に向かって－複合的アイデンティティと自己決定權〉,《女性學年報》15.

   1996,〈アイデンティティを超えて〉, 井上俊 他編,《差別と共生の社會學》(《岩波講座 現代社會學》第15卷), 岩波書店.

6. Cohen, Abner

1974, "Introduction : The Lesson of Ethnicity" in Cohen, Abner(ed.), *Urban Ethnicity*, Tavistock Publications : London.

7. Cohen, Ronald

1978, "Ethnicity : Problem and Focus in Anthropology", *Annual Review of Anthropology* 7.

일본어판 : R. コーエン, 〈エスニシティ : 人類學における問題と焦點〉, 青柳まちこ 編監譯, 《〈エスニック〉とは何か》, 新泉社, 1996.

8. De Vos, George

1975, "Ethnic Pluralism : Conflict and Accommodation" in De Vos, G. & L. Romanucci—Ross(eds.), *Ethnic Identity : Cultural Continuities and Change*, Chicago UP.

9. 藤田敬一 (編)

1998, 《〈部落民〉とは何か》, 阿吽社.

10. 福岡安則

1993, 《在日韓國·朝鮮人》, 中央公論社(中公新書).

11. ギアーツ, C.

1987, 吉田禎吾·柳川啓一他 譯, 《文化の解釋學 Ⅱ》, 岩波書店.

원서 : Geertz, Clifford, *The Interpretation of Cultures*, Basic Books, 1973.

12. Gitlin, Todd

1993, "The Rise of Identity Politics", *Dissent* 40(Spring), 172—175.

13. Glazer, N. & D. P. Moynihan(eds.)

1975, *Ethnicity : Theory and Experience*, Harvard UP : Cambridge.

일본어판 : N. グレーザー & D. P. モイニハン 編, 內山秀夫 抄譯, 《民族とアイデンティティ》, 三笠書房, 1984.

14. Hall, Stuart

1986, "Gramsci's Relevance for the Study of Race and Culture", *Journal of Communication Inquiry* 10(Summer).

1989, "Ethnicity : Identity and Difference", Edited version of a speech delivered at Hampshire College.

1990, "Cultural Identity and Diaspora" in Rutherford, Jonathan(ed.), *Identity : Community, Culture, Difference*, Lawrence & Wishart : London.

15. ホール, S.

1996, 〈あるディアスポラ的知識人の形成〉, 《思想》 859号.

16. Hechter, Michael

1974, "The Political Economy of Ethnic Change", *American Journal of Sociology* 79-5.

1976, "Ethnicity and Industrialization : On the Proliferation of the Cultural Division of Labor", *Ethnicity* 3.

1978, "Group Formation and the Cultural Division of Labour", *American Journal of Sociology* 84-2.

17. Hobsbawm, Eric

1983, "Introduction : Inventing Traditions" in Hobsbawm, Eric & Terence Ranger(eds.), *The Invention of Tradition*, Cambridge UP.

일본어판 : E. ホブズボウム, 〈序論 : 傳統は創り出される〉, E. ホブズボウム & T. レンジャー 編, 前川啓治・梶原景昭 他譯, 《創られた傳統》, 紀伊國屋書店, 1992.

1990, *Nations and Nationalism since 1780*, Cambridge UP.

18. 北海道環境生活總務課アイヌ施策推進室

1998, 《アイヌ民族を理解するために》.

19. 池田 寛

274

1985, 〈被差別部落における教育と文化－漁村部落における青年のライフ・
　　　　スタイルに關するエスノグラフィー〉, 《大阪大學人間科學部紀要》
　　　　第11卷.

1989, 〈自己概念と學力〉, 解放教育研究所 編, 《解放教育研究》 第2号.

20. Isaacs, Harold R.

1975, "Basic Group Identity : The Idol of the Tribe" in Glazer, N & D. P.
　　　　Moynihan(eds.), *Ethnicity : Theory and Experience*, Harvard UP :
　　　　Cambridge.

일본어판 : H. アイザックス, 〈基本的集團アイデンティティ－部族の
　　　　アイドル〉, グレーザー・モイニハン 編, 內山秀夫 抄譯, 《民族
　　　　とアイデンティティ》, 三笠書房, 1984.

21. Isajiw, Wsevolod W.

1974, "Definition of Ethnicity" *Ethnicity* 1-2.

일본어판 : W. イサジフ, 〈さまざまなエスニシティ定義〉, 青柳まちこ
　　　　編監譯, 《〈エスニック〉とは何か》, 新泉社, 1996.

22. 伊藤亞人 他監修

1986, 《朝鮮を知る事典》, 平凡社.

23. 貝澤 正

1972, 〈遠足も燒き魚一匹もって〉, 《潮》 150号.

24. 姜 尙中

1995, 〈民族意識と普遍原理と〉, 《朝日新聞》 11月 16日.

25. 計良光範

1997, 〈アイヌにおける差別と共生〉, 《共生の方へ》(《講座 差別の社會學》
　　　　第4卷), 弘文堂.

26. Keyes, Charles F.

1976, "Towards a New Formulation of the Concept of Ethnic Group",

Ethnicity 3-3.

　　1981, "The Dialectics of Ethnic Change" in Keyes, Charles F.(ed.), *Ethnic Change*, Washington UP : Seattle.

27. 金 慶海

　　1979,《在日朝鮮人民族教育の原點－四・二四阪神教育鬪爭の記錄》, 田畑書店.

　　1988(編),《在日朝鮮人民族教育擁護鬪爭資料集》第1卷, 明石書店.

28. 黑川紀章

　　1987,《共生の思想》, 德間書店.

29. 李 光一

　　1985,〈エスニシティと現代社會－政治社會學アプローチの試み〉,《思想》730号.

30. 松田素二

　　1996 a,〈民族におけるファクトとフィクション〉, 磯部卓三・片桐雅隆 編,《フィクションとしての社會－社會學の再構成》, 世界思想社

　　1996 b,〈變奏する二つの記憶－韓國人三菱徵用工被爆者の戰爭の語り〉,《インパクション》第99号, インパクト出版會.

31. 民族教育促進協議會

　　1995,《民促協 10年史－すべての同胞に民族教育を》.

32. 民族差別と鬪う大阪連絡協議會

　　1992,《反差別と人權の民族教育を》.

33. 民族名をとりもどす會

　　1990,《民族名をとりもどした日本籍朝鮮人》, 明石書店.

34. 中島智子

　　1991,〈多文化教育をめぐる論爭と課題〉,《西山學報》第39号, 西山短期大學.

　　1994,〈在日韓國・朝鮮人のエスニシティと教育－〈文化的志向性〉と〈社

會的志向性〉の視點から〉, 《教育學研究》, 第61卷 3号.

35. 中野秀一郎
    1993, 〈インドシナ難民−姫路定住促進センターの經驗を通して考える〉,
        中野秀一郎・今津孝次郎 編, 《エスニシティの社會學》, 世界思
        想社.

36. 〈成合における在日朝鮮人の生活史〉, 合同編集委員會
    1980, 《こんなんして生きてきたんや》.

37. Naroll, Raoul
    1964, "On Ethnic Unit Classification", *Current Anthropology* 5−4.

38. 野村義一
    1996, 《アイヌ民族を生きる》, 草風館.

39. 小田 亮
    1996 a, 〈しなやかな野性の知〉, 青木保 他編, 《思想化される周邊世界》
        (《岩波講座 文化人類學》 第12卷), 岩波書店.
    1996 b, 〈ポストモダン人類學の代價〉, 《國立民族學博物館研究報告》,
        21卷 4号.

40. 小笠原信之
    1997, 《アイヌ差別問題讀本》, 綠風出版.

41. 小熊英二
    1995, 《單一民族神話の起源》, 新曜社.

42. 大越愛子
    1996, 《フェミニズム入門》, 筑摩書房(ちくま新書).

43. 大阪府在日外國人教育研究協議會
    1996, 《二一世紀を展望する多文化共生教育の構想−府外教のめざす在
        日外國人教育》.

44. 大杉高司

1999,《無爲のクレオール》, 岩波書店.

45. 太田順一

1996,《大阪ウチナーンチュ》, ブレーンセンター.

46. 太田好信

1992,〈文化の客體化〉,《民族學研究》Vol.57 No.3.

47. 小澤有作

1973,《在日朝鮮人教育論 歷史編》, 亞紀書房.

48. 朴 經植

1989,《解放後 在日朝鮮人運動史》, 三一書房.

49. 朴 尙得

1980,《在日朝鮮人の民族敎育》, ありえす書房.

50. Riesman, David

1953-1954, "Some Observation in Intellectual Freedom", *The American Scholar* 23-1.

51. Royce, Anya

1982, "Neither Christian nor Jewish" in *Ethnic Identity*：*Strategies of Diversity*, Indiana UP：Bloomington.

일본어판：A. ロイス,〈キリスト敎徒でもなくユダヤ敎徒でもなく〉, 青柳まちこ 編監譯,《〈エスニック〉とは何か》, 新泉社, 1996.

52. Segal, L.

1987, "Is the future female?".

일본어판：リン・シーガル, 織田元子 譯,《未來は女のものか》, 勁草書房, 1989.

53. 關根政美

1994,《エスニシティの政治社會學》, 名古屋大學出版會.

54. Shils, Edward

278

1957, "Primordial, Personal, Sacred, and Civil Ties". *British Journal of Sociology*, Vol.8, pp. 130-145.

55. Smith, Anthony D.

1989, "The Origins of Nations", *Ethnic and Racial Studies* 12-3.

56. 徐 京植

1996, 〈多文化主義を越えて〉,《インパクション》第99号, インパクト出版會.

57. Sollors, Werner

1989, "Introduction : The Invention of Ethnicity" in Sollors, Werner(ed.) *The Invention of Ethnicity*, Oxford UP.

58. 高槻むくげの會

1984,《高槻の在日韓國・朝鮮人實態調査報告書－生活・環境・勞働・健康・教育》.

1992,《民族だからおもしろい－高槻むくげの會 20周年記念誌》.

59. 高槻オモニの會

1997,《オモニ》No.50.

60. 高槻市教育委員會

1996, 〈1996年度 在日韓國・朝鮮人教育事業活動目標・計劃〉.

61. 高槻市在日外國人教育研究協議會

1997,《ちんだるれ 13》.

62. 竹田青嗣

1986, 〈苦しみの原質〉, 金鶴泳,《金鶴泳作品集成》, 作品社.

63. 竹澤泰子

1994,《日系アメリカ人のエスニシティ－强制收容と補償運動による變遷》, 東京大學出版會.

64. 田中 宏

1995, 《在日外國人 新版》, 岩波書店(岩波新書).

65. 辻內鏡人

1994, 〈多文化主義の思想史的文脈－現代アメリカの政治文化〉, 《思想》
　　　843号.

66. 富山一郎

1990, 《近代日本社會と〈沖繩人〉》, 日本經濟評論社.

67. van den Berghe, P. L.

1978, "Race and Ethnicity：A Sociological Perspective", *Ethnic and Racial
　　　Studies* 1–4.

68. Weber, Max

1968, *Economy and Society*, Bedminster Press：New York.

69. 梁 泰昊

1996, 《在日韓國・朝鮮人讀本》, 綠風出版.

70. 梁 永厚

1985, 〈在日朝鮮人子女の教育問題〉, 原田伴彦・姜在彦 編, 《講座 差
　　　別と人權 4 民族》, 雄山閣.

71. 尹 健次

1987, 《異質との共存》, 岩波書店.

72. 在日本朝鮮人權利擁護委員會

1996, 《在日朝鮮人人權白書》.

73. 奧田道大・廣田康生・田嶋淳子

1994, 《外國人居住者と日本の地域社會》, 明石書店(제1장 주10번 참
　　　고문헌).

▮일본인명 읽기▮

白石隆 시라이시 다카시	今津孝次郎 이마즈 고지로
白石さや 시라이시 사야	野村義一 노무라 기이치
青柳まちこ 아오야나기 마치코	小田亮 오다 마코토
生島遼一 이쿠시마 료이치	小笠原信之 오가사와라 노부유키
チカップ美惠子 지캅푸 미에코	小熊英二 오구마 에이지
井上俊 이노우에 슌	大越愛子 오코시 아이코
藤田敬一 후지타 게이치	大杉高司 오스기 다카시
福岡安則 후쿠오카 야스노리	太田順一 오타 슌이치
吉田禎吾 요시다 데이고	太田好信 오타 요시노부
柳川啓一 야나기가와 게이치	小澤有作 오자와 유사쿠
內山秀夫 우치야마 히데오	織田元子 오다 모토코
前川啓治 마에가와 게이지	關根政美 세키네 마사미
梶原景昭 가지와라 가게아키	竹田青嗣 다케다 세이지
池田寬 이케다 히로시	竹澤泰子 다케자와 야스코
伊藤亞人 이토 아비토	田中宏 다나카 히로시
貝澤正 가이자와 다다시	辻內鏡人 쓰지우치 마코토
計良光範 게이라 미쓰노리	富山一郎 도미야마 이치로
黑川紀章 구로가와 기쇼	奧田道大 오쿠다 미치히로
松田素二 마쓰다 모토지	廣田康生 히로타 야스오
磯部卓三 이소베 다쿠조	田嶋淳子 다지마 쥰코
片桐雅隆 가타기리 마사다카	(참고문헌 저자 순)
中島智子 나카지마 도모코	
中野秀一郎 나카노 슈이치로	

▌별표▌

저자 서문에서 간략하게 언급된 재일동포의 구체적 현황을 저자의 발표 예정 논문 〈재일 한국·조선인의 변모와 그 현재〉에서 재인용해 수록한다. 이 논문은 2005년 6월 나고야대학(名古屋大學) 출판부가 발간할 《국제사회학》[가지다 다카미치(梶田孝道) 편] 제15장에 실릴 예정이다.

〈표 1〉 외국인 등록자수와 한국·조선국적자 및 외국인 등록자 전체에서 차지하는 한국·조선국적자 비율의 추이

연도	외국인 등록자 총수	한국·조선국적자수	비율(%)
1978	766,894	659,025	85.9
1979	774,505	662,561	85.5
1980	782,910	664,536	84.9
1981	792,946	667,325	84.2
1982	802,477	669,854	83.5
1983	817,129	674,581	82.6
1984	840,885	687,135	81.7
1985	850,612	683,313	80.3
1986	867,237	677,959	78.2
1987	884,025	676,982	76.6
1988	941,005□	677,140	72.0
1989	984,455	681,838	69.3
1990	1,075,317	687,940	64.0
1991	1,218,891	693,050	56.9
1992	1,281,644	688,144	53.7
1993	1,320,748	682,276	51.7
1994	1,354,011	676,793	50.0
1995	1,362,371	666,376	48.9
1996	1,415,136	657,149	46.4
1997	1,482,707	645,373	43.5
1998	1,512,116	638,828	42.2
1999	1,556,113	636,548	40.9
2000	1,686,444	635,269	37.7
2001	1,778,462	632,405	35.6
2002	1,851,758	625,422	33.8
2003	1,915,030	613,791	32.1

출처 : 재일본대한민국민단중앙본부, 〈민단과 재일동포의 통계〉(http://mindan.org/toukei.php)와 일본 법무성 입국관리국, 〈헤세이(平成) 15년 말 현재 외국인 등록자 통계에 대해〉(http://moj.go.jp/PRESS/040611-1/040611-1-1.pdf)

〈표 2〉 한국·조선국적 외국인 등록자수, 한국·조선국적의 특별영주자수 및 한국·조선국적 외국인 등록자 전체에서 차지하는 특별영주자의 비율

연도	1999	2000	2001	2002	2003
한국·조선국적 외국인 등록자수	636,548	635,269	632,405	625,422	613,791
한국·조선국적의 특별영주자수	517,787	507,429	495,986	485,180	471,756
한국·조선국적 외국인 등록자 전체에서 차지하는 특별영주자의 비율(%)	81.3	79.9	78.4	77.6	76.9

출처 : 일본 법무성 입국관리국, <헤세이(平成) 15년 말 현재 외국인 등록자 통계>

〈표 3〉 한국·조선국적자의 일본국적 취득자수 추이

연도	취득자수	연도	취득자수	연도	취득자수	연도	취득자수
1952	232	1966	3,816	1980	5,987	1994	8,244
1953	1,326	1967	3,391	1981	6,829	1995	10,327
1954	2,435	1968	3,194	1982	6,521	1996	9,898
1955	2,434	1969	1,889	1983	5,532	1997	9,678
1956	2,290	1970	4,646	1984	4,608	1998	9,561
1957	2,737	1971	2,874	1985	5,040	1999	10,059
1958	2,246	1972	4,983	1986	5,110	2000	9,842
1959	2,737	1973	5,769	1987	4,882	2001	10,295
1960	3,763	1974	3,973	1988	4,595	2002	9,188
1961	2,710	1975	6,323	1989	4,759	2003	11,778
1962	3,222	1976	3,951	1990	5,216	합계	275,448
1963	3,558	1977	4,261	1991	5,665		
1964	4,632	1978	5,362	1992	7,244		
1965	3,438	1979	4,701	1993	7,697		

출처 : 재일본대한민국 민단중앙본부 〈민단과 재일동포의 통계〉(http://mindan.org/toukei.php)와 법무성 민사국 〈국적관계〉 통계(http://moj.go.jp)

〈표 4〉 혼인상황 ( )안은 매년 한국·조선국적자 전체 혼인수에서 차지하는 비율

연도	한국·조선국적자의 전혼인수	한국·조선국적자의 혼인수	일본인(일본국적자)과의 혼인수	일본국적자 외 외국적자와의 혼인수
1997	8,540	1,269(14.9)	7,178(84.1)	93(1.1)
1998	9,172	1,279(13.9)	7,778(84.8)	115(1.3)
1999	9,638	1,220(12.7)	8,297(86.1)	121(1.3)
2000	10,016	1,151(11.5)	8,723(87.1)	142(1.4)
2001	9,830	1,019(10.4)	8,665(88.1)	146(1.5)
2002	8,847	943(10.7)	7,732(87.4)	172(1.9)

출처 : 후생노동성, 매년 인구동태조사(http://dbtk.mhlw.go.jp/IPPAN/ipcart/scm_k_Ichiran)

국제관계로 본 러일전쟁과 일본의 한국병합

최문형 지음/신국판/양장 432쪽/책값 25,000원

19세기 말 20세기 초 한국을 둘러싼 국제외교사 연구에 몰두한 저자는 러일전쟁은 두 나라만의 전쟁이 아니라 구미열강의 이해가 걸려 있는 복잡다기한 국제전쟁이며, 제1차 세계대전 전의 작은 세계대전이었다는 점에 착안하였다. 러일전쟁 동안에 을사보호조약을 맺었으면서도 한국병합을 5년 동안 미루어 온 것은 영·프의 지원 아래 미·러의 견제를 넘어 만주문제를 해결함으로써 가능했음을 밝히고 있다.

근대일본론

-군국 일본의 국가제도와 그 운용자들 -

신동준 지음/신국판/반양장 476쪽/책값 25,000원

현대 일본의 모태이자 한국 근대 어둠의 배경이기도 한 근대 일본을 꿰뚫어 본 책. 이 책은 메이지유신으로 가장 먼저 서구 문명을 받아들인 일본이 국회를 개설하면서 근대 국가의 흉내를 냈으나 실은 천황 중심의 절대주의국가였으며, 군부대신 무관제, 통수권의 독립 등을 통해 군부파시즘이 득세할 수밖에 없었던 근대 일본의 모습을 여러 인물들과 사건들을 통해 생동감 있게 서술하고 있다.

日本近代史를 보는 눈

김용덕 지음/신국판/반양장 226쪽/책값 6,000원

일본근대사에 대한 개설서로서, 일본의 근대적 변화를 경제적 발전의 측면에만 치우쳐 보는 관점에서 벗어나, 한 나라의 역사적 경험을 그 나라의 독특성과 실체와 관련지어 파악하여야 한다는 점을 강조한 저자가 그동안 공부하고 강의해 오며 쓴 글 가운데 근대일본의 변천에 관한 史論·紹介·研究動向 등을 모아 정리한 책으로, 일본의 근대사를 객관적으로 보는 데 도움을 준다.